文化中国

中华优秀传统文化

第十二册

丛书主编

文新华

本册主编

曹圣龙

本册副主编

张　捷

华东师范大学出版社

·上海·

图书在版编目（CIP）数据

文化中国：中华优秀传统文化．第十二册/文新华主编．—上海：华东师范大学出版社，2024
ISBN 978－7－5760－4681－6

Ⅰ．①文…　Ⅱ．①文…　Ⅲ．①中华文化－高中－教学参考资料　Ⅳ．①G634.303

中国国家版本馆CIP数据核字（2024）第090911号

文化中国：中华优秀传统文化　第十二册

WENHUA ZHONGGUO: ZHONGHUA YOUXIU CHUANTONG WENHUA　DI SHIER CE

丛书主编　文新华
策划编辑　曹祖红
责任编辑　游胜男
责任校对　时东明
装帧设计　刘怡霖

出版发行　华东师范大学出版社
社　　址　上海市中山北路3663号　邮编200062
网　　址　www.ecnupress.com.cn
电　　话　021－60821666　行政传真021－62572105
客服电话　021－62865537　门市（邮购）电话021－62869887
地　　址　上海市中山北路3663号华东师范大学校内先锋路口
网　　店　http://hdsdcbs.tmall.com

印 刷 者　上海新华印刷有限公司
开　　本　787毫米×1092毫米　1/16
印　　张　7
字　　数　110千字
版　　次　2025年2月第1版
印　　次　2025年2月第1次
书　　号　ISBN 978－7－5760－4681－6
定　　价　48.00元

出 版 人　王　焰

目　　录

第一单元

诗情画境，意趣妙然

——中华语言文字和文学艺术

第一节
书法艺术——“宋四家”

“宋四家”是中国北宋时期四位书法家苏轼、黄庭坚、米芾和蔡襄的合称。这四个人大致可以代表宋代书法的风格，且成就最高，在书史上产生了较为重要的影响。

一、苏轼

苏轼（1037—1101），字子瞻，号东坡居士，眉州眉山（今属四川）人，北宋著名文学家、书画家。诗风清新豪健，词开豪放一派。文纵横捭阖，挥洒自如，为“唐宋八大家”之一。与其父苏洵、其弟苏辙俱以诗文著称于世，合称“三苏”。

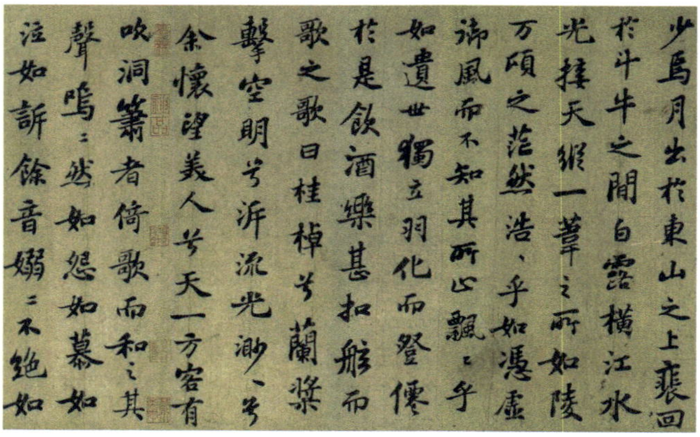

苏轼《赤壁赋》（局部）

苏轼才华横溢，在诗词文赋之外，对书画也很擅长。他的书法从“二王”、颜真卿、柳公权、褚遂良、徐浩、李邕、杨凝式等各家吸取养分，在继承传统的基础上努力革新。他在讲自己的书法创作时说：“作字之法，识浅、见狭、学不足，三者终不能尽妙，我则心目手俱得之矣。”又说：“我书意造本无法，点画信手烦推求。”他的书法重在写“意”，寄情于“信手”所书之点画，字看似平实、朴素，却有如汪洋浩荡，似神龙变化不可测。苏轼长于行书、楷书。其楷书笔画敦厚茂密，笔力沉雄，大气磅礴；行书用笔凌厉朴茂，肉丰骨劲，跌宕自然，给人以“大海风涛之气”“古槎怪石之形”的艺术美感。后人对苏轼的书法赞誉颇高。黄庭坚云“本朝善书，自当推（苏）为第一”。清人杨守敬评：“苏东坡书，自是有宋第一，流传既多，沾溉亦众……于二王后独出冠时，别开生面。”其《黄州寒食诗帖》被誉为“天下第三行书”，《赤壁赋》被誉为“坡公之《兰亭》”。传世书迹还有《洞庭春色赋》《中山松醪赋》等。

二、黄庭坚

黄庭坚（1045—1105），字鲁直，号山谷道人，后世称黄山谷，晚号涪翁，洪州分宁（今江西修水）人，北宋诗人、书法家。出于苏轼门下，为“苏门四学士”之一，与苏轼并称“苏黄”。

黄庭坚善行书、草书。行书融古雄健，奇崛沉着。草书大开大合，从心所欲，以奇特的空间组合、出人意料的结构章法和宽博古拙的气势见长，成就尤高。其草书受到多家影响，在研习古人笔意的基础上创新，自成一格。自云：“余学草书三十余年，初以周越为师，故二十年抖擞俗气不脱。晚得苏才翁、子美书观之，乃得古人笔意。其后又得张长史、僧怀素、高闲墨迹，乃窥笔法之妙。”传世书迹有《华严疏》《松风阁诗》《诸上座帖》等。

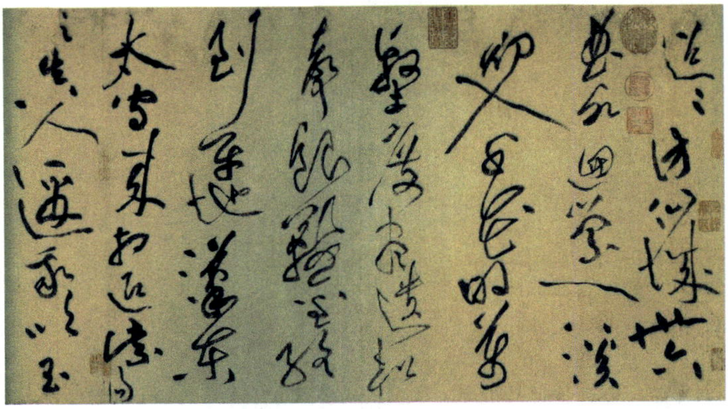

黄庭坚《诸上座帖》（局部）

三、米芾

米芾（1052—1108），字元章，号襄阳漫士、海岳外史、鹿门居士，祖籍山西太原，迁襄阳（今属湖北），后定居润州（治今江苏镇江）。个性怪异，举止颠狂，人称米颠。

米芾能诗文，擅书画，精鉴别。《宋史·文苑传》说："（芾）特妙于翰墨，沈著飞翥，得王献之笔意。"他少时苦学颜、柳、欧、褚等唐楷，打下了厚实的基本功。后来苏轼劝其学晋，于是米芾潜心研习，以晋人书风为指归，寻访了不少晋人法帖，今传王献之《中秋帖》，据说就是他的临本，形神精妙至极。米芾称自己的作品是"集古字"，他对古代大师的用笔法、章法及气韵都有深刻的领悟。传世书迹有《苕溪诗卷》《蜀素帖》《方圆庵记》等，而翰札小品尤多。

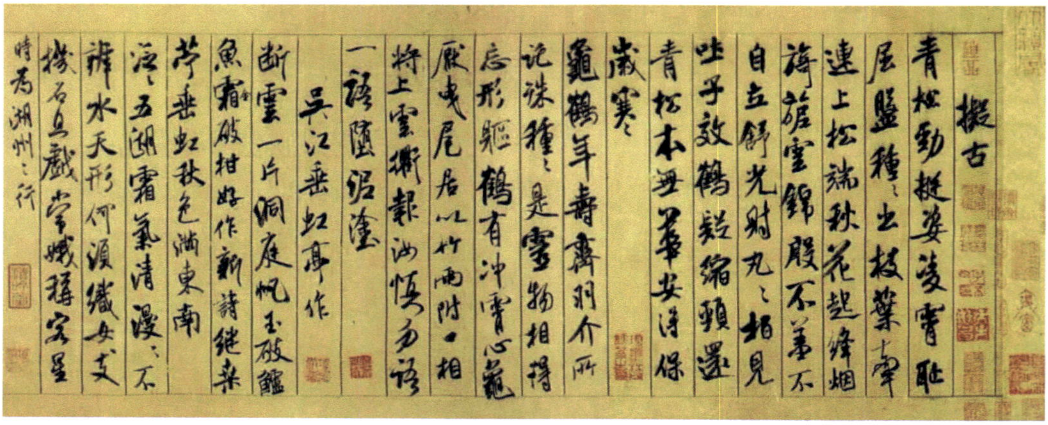

米芾《蜀素帖》（局部）

四、蔡襄

蔡襄（1012—1067），字君谟，兴化军仙游（今属福建）人，北宋书法家。

蔡襄擅长正楷、行书和草书。正楷浑厚端庄，行书淳淡婉美，草书参用飞白法，自成一体。其书法颇受时人推崇，极负盛誉，最推崇其书艺者首数欧阳修和苏轼。欧阳修《试笔》评："自苏子美死后，遂觉笔法中绝。近年君谟独步当世，然谦让不肯主盟。"苏轼《东坡题跋》评："独蔡君谟天资既高，积学深至，心手相应，变态无穷，遂为本朝第一。然行书最胜，小楷次之，草书又次之……又尝出意作飞白，自言有翔龙舞凤之势，识者不以为过。"

总体上看，蔡襄的书法恪守晋唐法度，创新的意识略逊一筹，但他却是宋代书法发展史上不可或缺的关纽人物。他以自身完备的书法成就，在晋唐法度与宋人意趣之间搭建了一座技巧的桥梁。传世书迹有《自书诗卷》《谢赐御书诗》等，碑刻有《万安桥记》等。

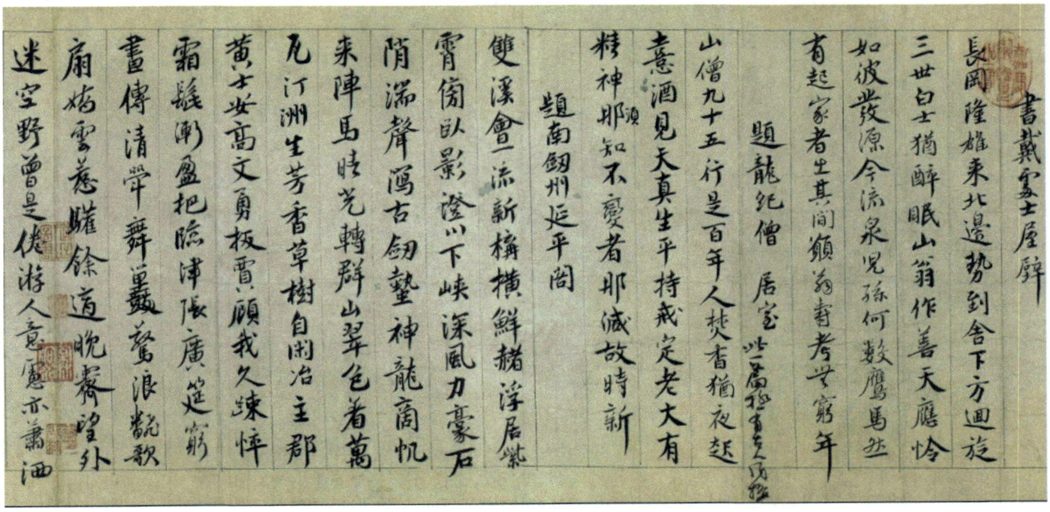

蔡襄《自书诗卷》（局部）

第二节
成语与传统文化

成语由中国传统文化的精华凝结而成，其中记录了大量的古代历史文化、社会生活、思想观念等信息。深入研究这些成语，不仅有助于我们学习古代的语言文学，而且能够丰富我们的历史文化知识。那些极富生命力的成语，就像语言中的“活化石”，让我们了解到中华民族传统文化的各个方面，从天文历法、山川地理、宗教历史，到文学艺术、宫室建筑、饮食起居……可以这样说，汉语成语就是一个向我们展示传统文化精华的窗口和平台。

一、成语与服饰文化

在中国古代社会，服饰是一种特殊的文化符号。帝王妃嫔和贵族妇女“凤冠霞帔”“珠围翠绕”，普通的劳动妇女则“荆钗布裙”“椎髻布衣”。“顶冠束带”“象简乌纱”是朝廷命官的穿戴，“褒衣博带”“方巾阔服”是儒生的装束，“葛巾野服”是隐逸之士的打扮。“华冠丽服”“绫罗绸缎”是富贵者的穿戴，贫苦百姓只能“短褐穿结”“衣衫褴褛”。遇到喜事要“披红挂彩”以示庆贺，遇到丧事则“披麻戴孝”以表哀痛。

下面我们以中国古代服饰中的几种常见元素为例，探寻成语与服饰文化的关联。

1. 布衣。

布衣指麻布制的衣服。古代服饰文化中以“布帛”统称供裁制衣裳的材料。帛为丝织品，较为贵重，普通百姓穿不起，而只能着布衣。后遂以“布衣”指代平民。成语中有“布衣之交”，最早可见于《战国策》和《史记》。《战国策·齐策三》：“卫君与文布衣交。”《史记·廉颇蔺相如列传》：“臣以为布衣之交尚不相欺，况大国乎？”“布衣之交”指平民之间的交往或显贵者与平民之间平等而诚挚的交往。

2. 长袖。

中国传统服饰的一个显著特点是“褒衣大袖”，宽且长的袖子使穿着者举手投足间显示出雍容典雅、飘逸灵动的风度。这种审美风尚在舞蹈服饰上有更为集中的反映，自先秦时期，袖舞就颇为流行。表演者挥动长袖而舞，舞袖或上下宽窄一样，或于宽袖约齐手腕处延接出一窄长袖。相关成语有

“长袖善舞”，意思是衣服的袖子长，跳舞就容易跳得好看。原指有所依靠，事情就容易成功。后形容善于钻营，会走门路。《韩非子·五蠹》：“鄙谚曰：‘长袖善舞，多钱善贾。’此言多资之易为工也。”

3. 裘。

裘是古代的毛皮服饰，通常毛在外表，皮革在内，于冬季穿着用以御寒。成语中有“冬裘夏葛”，意为冬天穿裘，夏天穿葛，以应冬寒夏暑之气。比喻根据客观环境的变化，适当调整应对措施。《公羊传·桓公八年》：“士不及兹四者，则冬不裘，夏不葛。”另有“轻裘肥马”，意思是穿着轻暖的皮袄，骑着肥壮的好马。形容豪华阔绰的生活。《论语·雍也》：“赤之适齐也，乘肥马，衣轻裘。”

4. 袍。

袍是传统服饰的一种重要样式，大体为长至足背的外衣，有表有里，有广身宽袖和紧身窄袖两类。袍在古代还特指夹层中填装丝绵的长衣。成语有“缊袍不耻”，形容人虽然穿着破旧的衣服，但不认为这是丢脸的事情。比喻人穷志不穷。《论语·子罕》：“衣敝缊袍，与衣狐貉者立，而不耻者，其由也与?”

5. 冠。

冠是古代束发插簪使头发固定的器具，犹今之帽子。冠是传统服饰体系中的一个重要组成部分，人们在形容装束时常常衣冠并举。如成语“衣冠楚楚”，形容服装整齐漂亮。语出《诗经·曹风·蜉蝣》：“蜉蝣之羽，衣裳楚楚。”

二、成语与建筑文化

建筑与人们的日常生活息息相关，成语作为古代流传下来的语言形式，其中包含了许多与传统建筑文化相关的内容。下面是一些反映了传统建筑文化的成语例子。

1. **门当户对**。

人们常用这个成语表达男女双方家庭的社会地位和经济状况相当，适合婚配。其实，“门当户对”原来是指传统民居建筑中大门的两个装饰部分。“门当”是古时家宅大门两边门础之上放置的一对石鼓，多用于官宦和商贾之家，象征着身份和地位。人们认为鼓声如雷霆，能驱邪避鬼，因而在门前放置石鼓以镇宅，有“门神”的作用，因此称作“门当”。“户对”就是置于门楣上或门楣两侧的砖雕、木雕，用于中国传统民居，特别是四合院的大门顶部，是装饰门框的构件，通常成对出现。家宅户对的数量与官职高低相关，官职越高的人家，户对数量越多。“门当户对”后来逐渐成为身份、地位的代名词，又因其总是成对出现，有户对的宅院必须有门当，从而演变为传统婚嫁观念中衡量男女双方条件的常用语。

门当和户对

2. **祸起萧墙**。

中国古代建筑主张内敛含蓄，组合多样，层次丰富。院落一般依中轴线延伸几重，所以古人有“庭院深深”“侯门深似海”的表述。院子正面设有大门，门内（偶有门外）正对着门有一段短墙作为屏障，以防外人向门内窥视，称为“影壁”“照墙”“照壁”。古代宫室的门屏则称为“萧墙”，古字“萧”与“肃”共通，取肃敬之意。因为萧墙在宫门内，所以又引申为内部的意思，成语“祸起萧墙”“萧墙之患”等由此产生，比喻内部发生祸乱。

3. **分庭抗礼**。

古代宅院依中轴线而建，中轴线上的堂、室在整个宅院中处于最尊贵的地位，由萧墙沿中轴线到堂前的开阔场地就是庭。庭是主人迎接尊贵客人的地方。成语“分庭抗礼”说的就是古代宾主相见，分站在庭的两边相对行礼，以示平等。“抗礼”又作“亢礼”“伉礼”，是长揖不拜、不分尊卑的平等礼节。“分庭抗礼”后比喻双方平起平坐，相互抗衡。

4. 登堂入室。

古代正规的住宅多为堂室结构，堂与室相连，建在同一个台基上，一般都位于整个住宅建筑的中轴线上。堂在整个住宅建筑的前部中央，是古人举行典礼、会见宾客的地方。室是供人居住寝卧的房间，位于堂之后，有户与堂相通。客人到主人家做客，要登上堂阶进入厅堂。一般情况下，主人地位越高，堂基就越大，登堂的台阶就越高。而室则是主人起居的私密之地，非一般人能进入，进入室必须要先经过堂。古代老师授业有“升堂”和“入室”之分，只有“入室弟子”才有资格在室内列坐于老师跟前，听其亲口传授。成语“登堂入室”比喻学问或技能由浅入深，循序渐进，达到很高的水平；亦比喻学艺深得师传。

5. 雕梁画栋。

“雕梁画栋”指在栋梁等木结构上雕刻花纹，饰以彩绘。形容建筑物富丽堂皇。《红楼梦》第三回：“正面五间上房，皆雕梁画栋，两边穿山游廊厢房，挂着各色鹦鹉、画眉等鸟雀。”《西游记》第十七回：“入门里，往前又进，到于三层门里，都是些画栋雕梁，明窗彩户。”中国古代的楼台宫室建筑，内外的装饰追求华丽美观，富丽堂皇。栋梁上精美的雕刻和华丽的彩绘，不仅突出地表现了古人在建筑设计上的审美追求，也反映了建筑物的等级和主人的身份地位。

6. 曲径通幽。

中国古代的园林大多是封闭式的，景物藏于园内，且面积一般不大。那么，如何在有限的空间里表现出无限丰富的园景，再现自然山水之美呢？“曲径通幽”就是一种高明的美学标准和造景手法。它强调幽深曲折以通佳境，正所谓“景贵乎深，不曲不深”。例如，苏州园林里，常用假山、小院、漏窗、流水等作为屏障，适当阻隔观者的视线，使人们起初只是隐约地看到园景的一角，沿着小道，几经曲折，才能到达幽深处的佳景，体会到探寻的乐趣。

三、成语与传统艺术

绘画、音乐、舞蹈、戏曲、书法等都是中华民族传统文化中不可缺少的组成部分，汉语言中有大量与各种传统艺术形式相关的成语。

1. 成语与绘画艺术。

传统绘画成就辉煌，技法多样，成语中有不少与绘画艺术相关。比如，“尺幅千里”比喻外形虽小，包含的内容却很多；原指绘画时用咫尺的篇幅画出辽阔千里的景象。“烘云托月”比喻从侧面渲染以显示或突出主体；原指传统绘画中通过渲染云彩来衬托月亮的一种技法。“胸有成竹”比喻在做事之前先有通盘考虑；原指画竹子之前心中先有竹子的形象，出自古代绘画理论。苏轼《文与可画筼筜谷偃竹记》：“故画竹，必先得成竹于胸中，执笔熟视，乃见其所欲画者，急起从之，振笔直遂，以追其所见，如兔起鹘落，少纵则逝矣。”

2. 成语与书法艺术。

汉语中不少成语是反映书法艺术的。“龙飞凤舞”形容山势蜿蜒雄壮，亦形容书法笔势舒展活泼。“剑拔弩张”原形容书法笔力雄健，现多比喻气势或形势紧张，一触即发。“铁画银钩”形容书法的笔画既遒劲又秀美。欧阳询《用笔论》：“刚则铁画，媚若银钩。”“入木三分”形容书法笔力遒劲，功力深厚。相传晋王羲之书祝版，工人削之，笔痕入木三分。这个成语后来也比喻描写、议论十分深刻。

3. 成语与音乐艺术。

中国古代的音乐艺术在成语中也有十分丰富的表现。例如，从“丝竹管弦”“钟鼓齐鸣”等成语中，可以了解到传统乐器的制作材料以及不同种类；从“阳春白雪”“下里巴人”等成语中，可以了解古曲的曲目；“大音希声”“弦外之音”等成语反映了古人对音乐境界的审美追求与独特感受。《列子·汤问》中有一个成语故事——“高山流水”。伯牙善于弹琴，锺子期的音乐欣赏能力很强。有一次伯牙弹琴时心里想着山，锺子期听了说：“善哉乎鼓琴，巍巍乎若太山。”伯牙再弹时又想着流水，锺子期听了说：“善哉乎鼓琴，汤汤乎若流水。”两人结为知己。锺子期死后，伯牙痛失知音，破琴绝弦，终身不再弹琴。后人就用“高山流水”比喻知己或知音，也比喻乐曲高妙。

第三节
学写对联，雅趣并茂

对联，又称“楹联”“楹帖”“对子”，起源于桃符，是写在纸、布上或刻在竹子、木头、柱子上的对偶语句。对联对仗工整，平仄协调，是一字一音的中华语言独特的文化艺术形式，堪称中华传统文化的瑰宝。

顾名思义，对联是要成“对”的，即由上联和下联组成。上下联字数必须相等，内容上也要求对仗，即上下联能“联”起来（平仄相对），两句不相关联的句子随便组合在一起不能成为对联。

一、对联对仗的类别

对联的对仗，虽然与诗有相同之处，但它往往比诗要求更严。对联按照对仗程度的不同，有工对、宽对和邻对之分。

工对是对仗严格工整的对联，要求上下联平仄相谐，词性相当，甚至要求对应位置的词属于相同词类，且义类一致。如古人在诗词对仗中将名词细分为天文气象、岁月时令、疆域地理、宫室建筑、器物用具、草木花果等众多类别，工对要求对应位置的词出于同一门类。不过在实际创作中，工对往往因为对仗要求太严，束缚了人们的思维，故而使用并不普遍。

宽对指对仗要求与工对相比较为宽松的对联，其只要求上下联主要部分大体相对，而允许其中有些字词或结构对应不甚严格、词性不统一等情况出现。如果构成对仗的词词性相同，但类别不同，也属于宽对。宽对赋予人们较大的创作发挥空间，因而使用较多。

介于工对和宽对之间，还有一种邻对。邻对可使用邻类词语相对，如天文对时令、地理对宫室、草木对鸟兽等皆可。

二、对联格律的六大要素

对联格律，概括起来有六大要素，又叫“六相”，分叙如下。

1. 字数相等。

上联字数等于下联字数。当然，偶尔也会有特殊情况，即创作者出于某种用意，故意使上下联字数不等。

对联中允许出现叠字或重字，叠字与重字是对联中常用的修辞手法，只是在重叠时要注意上下联相一致。如明代顾宪成题无锡东林书院联：风声雨声读书声，声声入耳；家事国事天下事，事事关心。

但是，对联中应尽量避免“异位重字”和“同位重字”。所谓异位重字，就是同一个字出现在上下联不同的位置。而同位重字，就是同一个字在上下联同一个位置出现。不过，有些虚词是可以出现在上下联的相同位置的。还有一种比较特殊的“异位互重”情况，也是允许的。例如，林森挽孙中山先生联：一人千古，千古一人。

2. 词性相当。

词性相当指的是，上下联同一位置的词或词组应具有相同或相近的词性。某些情况下只需遵循“实对实，虚对虚”的规则即可。当然，大多数情况下应遵循词类对应规则，即实词、虚词等共 12 类词性各自对应。另外还有义类对应规则，即将汉字中所表达的同一类型的事物放在一起形成对仗，如天对地、风对雨等。

3. 结构相称。

结构相称指上下联语句的语法结构（或者说其词组和句式之结构）应当尽可能相同，即主谓结构对主谓结构、动宾结构对动宾结构、偏正结构对偏正结构、并列结构对并列结构，等等。如李白题湖南岳阳楼联：水天一色，风月无边。上下联主干都是主谓结构。其中，由并列结构组成的主语“水天”对“风月”，由偏正结构组成的谓语“一色”对“无边”。

4. 节奏相应。

节奏相应要求上下联停顿的地方必须一致。如：莫放/春秋/佳日过，最难/风雨/故人来。

5. 平仄相谐。

古汉语有平、上、去、入四声，以平声为平，上、去、入声为仄。现代汉语则将阴平、阳平归为平，上声、去声归为仄。平仄相谐指上下联平仄相反，以及上下联各自句内平仄交替。

6. 内容相关。

一副对联的上下联内容应当相关，如果上下联所写为不相关的事物，两者不能照映、贯通、呼应，则不能算一副合格的对联。

三、对联的常用修辞手法

创作一副对联，技巧是不可或缺的。对初学者而言，不妨学习一些对联的常用修辞手法。

1. 比喻法。

运用此一事物或情景，来比喻另一事物或情景，使人有鲜明的印象，从而产生联想。例：勤是摇钱树，俭为聚宝盆。

2. 夸张法。

通过对事物进行扩大或缩小形象的描述，借以突出描写对象的主要方面和本质特征。例：一粒米中藏世界，半边锅里煮乾坤。

3. 衬托法。

为了使事物的特点突出，把另一些事物与其放在一起作为陪衬或对照。例：四面荷花三面柳，一城春色半城湖。

4. 对比法。

把性质相反的两种事物，或是某一事物相反的两个方面放在一起来写。例：心清水浊，山矮人高。

5. 借代法。

不直接说某事物，而借相关的事物去代替它。例：书店联“藏古今学术，聚天地精华”中，“古今学术”和“天地精华”代指书籍，“藏”和“聚”表示大量收藏聚集，由此点名了书店的特性。

6. 双关法。

利用同音字，使对联语带双关。例：“莲子心中苦，梨儿腹内酸”，第一层意思表现的是莲子和梨的特点，第二层意思则是“怜子心中苦，离儿腹内酸”。

第四节
古诗词记诵与知识积累

诗词是人生情怀的书写，或幽雅，或广阔，或清新，意蕴无穷，带给人语言与思想的双重享受。中国古诗词成就辉煌，佳作难以尽数。作为欣赏者与学习者，需要掌握一定的古诗词记诵方法，积累一定的古诗词相关知识，才能更好地领略古诗词世界的万千精彩。

一、古诗词记诵方法

“熟读唐诗三百首，不会作诗也会吟”，记诵是古诗词学习的必经之途。通过记诵能学习、吸收、内化诗词的典范语言，有了一定量的优秀经典诗词的积累，才能真正体验、把握、理解诗词内容以及融于词句的诗人情感和思想。另外，诵读能帮助学习者增强语感，体会到诗词的声韵之美、节奏之美；诵读数遍，有时还能领悟到作品更深层次的内涵，有个人独特的审美体验。

古诗词的记诵并非只能死记硬背，注重理解，运用巧妙的方法，能使记诵更加快速、牢固。常用的古诗词记诵方法主要有以下几种。

分层理解记诵法：对古诗词进行分层，逐层理解含义，在理解的基础上记诵，能使记忆更为结构化和深层次。

抓领头记诵法：诗词中的领头句，以及每句中的领头字，都有诱发思维、帮助记忆的作用，抓住这些关键处，能提高记诵效率。

再现形象记诵法：经常在头脑中再现诗词的意境和画面，记诵会更顺畅。

定时快读记诵法：给自己限定时间，限定数量，读诗词时逐步加快速度，迫使精力高度集中，使记忆信息迅速输入大脑，获得强烈印象，从而达到快速记忆的目的。

接力训练记诵法：可邀请同伴一起进行接力背诵，激发兴趣，加深印象。

二、古诗词常识

押韵、韵脚：诗词曲赋等韵文中某些句子的末尾用韵部相同或者相近的字，使音调和谐优美，这就是押韵。这些押韵的字称为“韵脚”。“韵脚”也指所押的韵。如白朴《天净沙·秋》：“孤村落日残霞，轻烟老树寒鸦，一点飞鸿影下。青山绿水，白草红叶黄花。”“霞”“鸦”“下”“花”是韵脚。

四言、五言、七言、杂言：言代表字数，四言就是每句四个字，五言就是五个字，七言即七个字，杂言则每句字数不等，无固定标准。中国古代诗歌以五言、七言为多。

古体诗、近体诗：古体诗和近体诗是从诗的格律角度来划分的。近体诗唐代开始形成，在字数、声韵、对仗等方面都有严格规定，分为律诗和绝句。而近体诗形成之前，除楚辞体外各种诗体通称古体诗，古体诗不拘句数，不求对仗，平仄和用韵也较自由。近体诗形成后，古体诗并未消失，诗人们仍然进行着古体诗的创作。

律诗、绝句：律诗为近体诗的一种，格律严密。律诗一般由八句构成，每两句成一联，计四联，中间两联必须对仗；第二、四、六、八句押韵，首句可押可不押，通常押平声，整首通押一韵；字、句、联之间均要遵循一定的平仄规则。通常分五言、七言两体，称“五律”“七律”。每首十句以上者称为“排律”。绝句由四句构成，主要有五言、七言两体，称“五绝”“七绝”。按格律要求的严格程度，可分为“律绝”和“古绝”。

乐府诗：乐府，本是古代掌管音乐的官署名称，后来将乐府所采集、创作的乐歌称为“乐府”，亦用以称魏晋至唐代可以入乐的诗歌和后人拟乐府的作品。《敕勒歌》《孔雀东南飞》《蜀道难》等都是乐府诗。

词牌：也称为“词格”，是填词用的曲调名。词最初是伴曲而唱的，是配合音乐的一种文学，有的根据词的内容制定曲调，有的则根据曲调填词。后来的词作主要是依调填词，词牌与词的内容往往并无必然关联，而是表明该词所依的曲谱。当词完全脱离曲之后，词牌便仅作为文字、音韵结构的一种定式。我们现在所看到的词作的篇名，不少是由词牌名和题目两部分构成，其中题目与词的主题和内容相关。

小令、中调、长调：词根据字数多少，可分为小令、中调、长调。明刻本《类编草堂诗余》以五十八字以内为小令，以五十九至九十字为中调，以九十一字以上为长调。这种分法实无依据，但因习用已久，故一般仍沿用。

豪放派、婉约派：豪放派和婉约派是宋词的两大流派，其作品分别表现出不同的风格。豪放派作品气势豪放，意境雄浑，不受拘束，崇尚直率；以苏轼、辛弃疾等为代表。婉约派作品语言清丽含蓄，感情婉转缠绵，情调或轻松活泼，或深沉幽怨，刻画精细，题材较狭窄，多写个人遭遇、男女恋情，间有写山水者；以柳永、秦观、李清照等为代表。

元曲：元杂剧和散曲的合称，为元代文学的代表，与唐诗、宋词并称。元杂剧是元代用北曲演唱的戏曲形式，包含“唱”“念”“做”；剧本一般每本四折，每折用同一宫调的若干曲牌组成套曲，必要时另加“楔子”。散曲是曲体的一类，是兴盛于元代的一种诗歌形式。其多用于抒情、写景、叙事，没有宾白科介，适于清唱，与剧曲不同；包括小令和套曲两种。

宫调：宫调是古代乐曲曲调的总称。中国古代七声中以任何一声为主，即可构成一种调式。凡以宫声为主的调式称“宫”，而以其他各声为主者则称“调”，统称“宫调”。以七声配十二律，理论上可得十二宫、七十二调，合为八十四宫调。

曲牌：俗称“曲子”，是元明以来各种曲调的泛称。这些曲牌各有专名，如《点绛唇》《山坡羊》等，总数很多。每一个曲牌都有一定的曲调、唱法，同时也有规定的字数、句法、平仄等。根据曲牌的各种定式，可以填写新曲词。

三、古诗词常见表达技巧

古诗词常见表达技巧包括三个方面，即表达方式、修辞手法和表现手法。

1. 表达方式。

抒情：直接（即景抒怀、直抒胸臆）、间接（借景抒情、融情于景、托物言志、怀古伤今）。

描写：直接（正面）、间接（侧面）。

叙述：直接。

议论：往往与抒情相结合。

2. 修辞手法。

描绘类（作用：生动形象）：比喻、夸张、比拟、借代、通感。

结构类（作用：和谐音韵、强调突出、强化感情）：排比、对偶、反复、顶针。

语气类（作用：增强语气、强化感情、引发思考）：设问、反问。

3. 表现手法。

写景抒情类诗词常见表现手法：寓情于景、情景交融、远近着笔、着眼视听、动静结合、以动（声）衬静、绘声绘色、虚实相生、以乐景衬哀情、以景结情等。

咏物言志、咏史怀古类诗词常见表现手法：象征（比喻）、托物言志、铺陈、对比、反衬等。

边塞征战类诗词常见表现手法：渲染、烘托、比兴、以小见大、象征等。

即事感怀类诗词常见表现手法：移情于景、借景抒情、以乐景衬哀情、避实就虚、直抒胸臆、对比、反衬、烘托、曲笔、抑扬结合、联想、想象、用典、铺垫、照应、伏笔等。

单元学习活动

◎去博物馆走一走、看一看，欣赏中国古代的书法作品，感受翰墨艺术的魅力。

◎试再举出一些成语的例子，说明其中所反映的中国传统文化。

◎尝试运用一定的修辞手法，为你的班级教室、书房或你曾游历过的景点撰写一副对联。

◎在班级组织一场“飞花令”比赛，看看谁的古诗词储备更丰厚。

第二单元

社会主义核心价值观的
中华文化之源
——经典古文阅读

第一节
社会主义核心价值观·爱国

社会主义核心价值观，在公民个体层面的第一个价值目标，是“爱国”。爱国，是中国社会自古至今始终强调的个人品格，也是中华民族标志性的集体精神。

一、爱国情

经典古文阅读篇目 1：

《离骚》（节选）

［战国］屈　原

帝高阳之苗裔兮，朕皇考曰伯庸。摄提贞于孟陬兮，惟庚寅吾以降。皇览揆余初度兮，肇锡余以嘉名。名余曰正则兮，字余曰灵均。纷吾既有此内美兮，又重之以修能。扈江离与辟芷兮，纫秋兰以为佩。汩余若将不及兮，恐年岁之不吾与。朝搴阰之木兰兮，夕揽洲之宿莽。日月忽其不淹兮，春与秋其代序。惟草木之零落兮，恐美人之迟暮。不抚壮而弃秽兮，何不改此度？乘骐骥以驰骋兮，来吾道夫先路！

昔三后之纯粹兮，固众芳之所在。杂申椒与菌桂兮，岂维纫夫蕙茝？彼尧舜之耿介兮，既遵道而得路。何桀纣之猖披兮，夫唯捷径以窘步。惟夫党人之偷乐兮，路幽昧以险隘。岂余身之惮殃兮，恐皇舆之败绩。忽奔走以先后兮，及前王之踵武。荃不察余之中情兮，反信谗而齌怒。余固知謇謇之为患兮，忍而不能舍也。指九天以为正兮，夫唯灵修之故也。曰黄昏以为期兮，羌中道而改路。初既与余成言兮，后悔遁而有他。余既不难夫离别兮，伤灵修之数化。

余既滋兰之九畹兮，又树蕙之百亩。畦留夷与揭车兮，杂杜衡与芳芷。冀枝叶之峻茂兮，愿竢时乎吾将刈。虽萎绝其亦何伤兮，哀众芳之芜秽。众皆竞进以贪婪兮，凭不厌乎求索。羌内恕己以量人兮，各兴心而嫉妒。忽驰骛以追逐兮，非余心之所急。老冉冉其将至兮，恐修名之不立。朝饮木兰之坠露兮，夕餐秋菊之落英。苟余情其信姱以练要兮，长颇颔亦何伤？

——选自《楚辞补注》(中华书局 1983 年版)

译文

我是古帝高阳氏的子孙，我已去世的父亲叫伯庸。正当寅年的寅月寅日，我降生了。父亲仔细观察衡量我出生时的情况，于是赐给我相应的美名。父亲把我的名取为正则，把我的字叫作灵均。我既有这么多美好的内在品质，又不断加强自己的修养。我把江离和生长于幽静处的白芷披在肩上，把秋天的兰花结成索佩挂在身上。光阴似箭我好像追赶不上，岁月不等待人令我心慌。早晨我在土坡上采撷木兰，傍晚在小洲中摘取宿莽。时光迅速逝去不能久留，春去秋来四季不断交替。我想到草木凋谢零落，唯恐自己逐渐衰老。何不趁着盛年摈除污秽，何不改变现行的法度？乘上千里马纵横驰骋吧，来呀，我在前引导开路！

从前三位先王德行完美无缺，所以群贤都聚集在他们身边。花椒与菌桂聚集一处，缀结的何止蕙和茝？唐尧虞舜多么光明正直，他们沿着正道使国家走上正途。夏桀殷纣多么狂妄邪恶，他们不走正道以致走投无路。结党营私的人苟安享乐，他们的前途黑暗而险阻。难道我害怕招灾惹祸吗，我只担心国家败亡。我急忙奔走于君王的鞍前马后，希望君王跟着先王的脚步。君王不体察我内心的真情，反而听信谗言对我发怒。我本就知道忠言直谏会招来祸患，原想忍耐却又控制不住。上指苍天请它给我作证，一切都是因为君王的缘故。说好在黄昏时分相约会面，走到中途又另行改道。你以前既然和我有成约，现另有打算又追悔当初。我并不难于与你别离啊，只是伤心你的反反复复。

我已经栽培了九畹的兰花，又种植了百亩的蕙草。分垄培植了留夷和揭车，还把杜衡和芳芷套种其间。希望它们枝繁叶茂，我愿等待时机将它们采摘。即使枯萎死绝又有什么悲伤，悲哀的是这么多芳草变成满地荒芜。众人都争名逐利、贪婪成性，孜孜以求从不满足。他们以自己的心肠来揣度别人，他们各自私念丛生又充满妒忌。急于奔走钻营争权夺利，这些不是我内心追求的东西。老年在渐渐来临，担心美好名声不能树立。早晨啜饮木兰上滴下的露水，傍晚含咀坠落的秋菊。只要我的情感美好而坚贞不易，神形消损又有什么关系？

二、忠烈魂

中国古代的仁人志士时刻关注着家国的前途和命运。历朝历代，在国家危亡之际，总有无数忠烈之士为守护养育自己的故土家园，不惜献出宝贵的生命。他们的事迹一直为后人所传颂，他们的爱国精神感染了一代又一代中华儿女。

经典古文阅读篇目 2：

梅花岭记

［清］全祖望

顺治二年乙酉四月，江都围急。督相史忠烈公知势不可为，集诸将而语之曰：“吾誓与城为殉，然仓皇中不可落于敌人之手以死，谁为我临期成此大节者？”副将军史德威慨然任之。忠烈喜曰：“吾尚未有子，汝当以同姓为吾后。吾上书太夫人，谱汝诸孙中。”

二十五日，城陷，忠烈拔刀自裁，诸将果争前抱持之。忠烈大呼德威，德威流涕不能执刃，遂为诸将所拥而行。至小东门，大兵如林而至。马副使鸣騄、任太守民育及诸将刘都督肇基等皆死。忠烈乃瞠目曰：“我史阁部也。”被执至南门，和硕豫亲王以先生呼之，劝之降。忠烈大骂而死。初，忠烈遗言：“我死，当葬梅花岭上。”至是，德威求公之骨不可得，乃以衣冠葬之。

或曰：“城之破也，有亲见忠烈青衣乌帽，乘白马，出天宁门投江死者，未尝殒于城中也。”自有是言，大江南北，遂谓忠烈未死。已而英、霍山师大起，皆托忠烈之名，仿佛陈涉之称项燕。吴中孙公兆奎以起兵不克，执至白下。经略洪承畴与之有旧，问曰：“先生在兵间，审知故扬州阁部史公果死耶，抑未死耶？”孙公答曰：“经略从北来，审知故松山殉难督师洪公果死耶，抑未死耶？”承畴大恚，急呼麾下驱出斩之。

呜呼！神仙诡诞之说，谓颜太师以兵解，文少保亦以悟大光明法蝉蜕，实未尝死。不知忠义者圣贤家法，其气浩然，常留天地之间，何必出世入世之面目？神仙之说，所谓为蛇画足。即如忠烈遗骸，不可问矣。百年而后，予登岭上，与客述忠烈遗言，无不泪下如雨，想见当日围城光景。此即忠烈之面目，宛然可遇，是不必问其果解脱否也，而况冒其未死之名者哉！

墓旁有丹徒钱烈女之冢，亦以乙酉在扬，凡五死而得绝，特告其父母火之，无留骨秽地，扬人葬之于此。江右王猷定、关中黄遵岩、粤东屈大均为作传铭哀词。

顾尚有未尽表章者：予闻忠烈兄弟，自翰林可程下，尚有数人，其后皆来江都省墓。适英、霍山师败，捕得冒称忠烈者，大将发至江都，令史氏男女来认之。忠烈之第八弟已亡，其夫人年少有色，守节，亦出视之。大将艳其色，欲强娶之，夫人自裁而死。时以其出于大将之所逼也，莫敢为之表章者。呜呼！忠烈尝恨可程在北，当易姓之间，不能仗节，出疏纠之。岂知身后乃有弟妇以女子而踵兄公之余烈乎！梅花如雪，芳香不染，异日有作忠烈祠者，副使诸公谅在从祀之列，当另为别室以祀夫人，附以烈女一辈也。

——选自《古文鉴赏辞典》（上海辞书出版社 2021 年版）

译文

顺治二年，岁次乙酉，四月，扬州被围困的形势很危急。督相史忠烈公（可法）知道局势已不可挽救，就召集众将领告诉他们说：“我发誓为保卫城池而牺牲，但在匆忙慌乱中不能落在敌人的手里死去，谁能替我在城破时完成这个为国而死的大节呢？”副将军史德威悲痛激昂地表示愿意担负这一任务。忠烈公高兴地说：“我还没有儿子，你应当凭同姓的关系做我的后嗣。我会写信禀告太夫人，把你的名字列在家谱的诸孙辈中。”

二十五日，扬州城沦陷，忠烈公抽出刀来自刎，众将领果然争着上前抱住他（不让他自杀）。忠烈公大声呼唤德威，德威流泪不能举刀，于是忠烈公被众将领簇拥着前行。走到小东门，清兵像密林般地到来，副使马鸣騄、知府任民育和诸将中的刘肇基都督等人都战死了。忠烈公就怒瞪双眼说：“我就是史阁部。”忠烈公被押到南门，和硕豫亲王称呼他为先生，劝他投降。忠烈公大骂敌人，以身殉国。当初，忠烈公曾留下遗言：“我死后，应葬在梅花岭上。”到这时，德威寻找忠烈公的尸骨而不能得，就把他的衣冠埋葬在梅花岭上。

有人说：“扬州城被攻破时，有人亲眼看见忠烈公穿青衣戴黑帽，骑着白马，出天宁门跳入长江而死，不曾死在城内。”自从有了这种传言，长江南北就传说忠烈公没有死。不久英山、霍山义军大规模起义，都假托忠烈公的名义，就好像陈涉起义时假托项燕的名义一样。吴中的孙兆奎因起兵失败，被俘押到南京。经略洪承畴同他有旧交，问他说：“先生在军中，是否确凿知道原扬州阁部史公真的死了呢，还是没有死？”孙公回答说：“经略从北方来，是否确凿知道原在松山殉难的督师洪公真的死了呢，还是没有死？”洪承畴大怒，急忙叫部下把他推出去斩首。

唉！按那些荒诞离奇的神仙说法，唐代的颜真卿因被杀而成仙，宋代的文天祥也因彻悟“大光明”佛法而像蝉脱壳一样解脱出世，其实都不曾死去。人们不知道忠义是圣贤之人的传统道德准则，那种凛然正气浩大磅礴，永远存留在天地之间，为什么一定要问其面目形象是出世成仙成佛还是入世为人了呢？那些神仙说法，正是人们所说的“画蛇添足”。就像忠烈公的遗骨，已经不可能找到了。但百年之后，我登上梅花岭，同朋友们谈起忠烈公的遗言，没有一个人不泪如雨下，都能想见当年围城中的情景。这样也是栩栩如生地看到了忠烈公的面貌，所以就不必去问他果真成仙成佛了没有，更何况假托他没有死而冒他的名义呢！

忠烈公的坟墓旁还有镇江姓钱的烈女之墓，她也是乙酉那年在扬州去世，共计自杀五次才得死去，她特地告诉父母要将自己火化，不要将尸骨留在这污秽的土地，扬州人就把她葬在这里。江西人王猷定、陕西人黄遵岩、广东人屈大均曾为她作传、撰铭、写哀词。

不过还有一些未能全被表彰出来的人：我听说忠烈公的兄弟，从翰林学士史可程以下，还有好几人，后来都到扬州扫墓。正逢英山、霍山义军失败，捉到了假称是忠烈公的人，清军某大将把他押送到扬州，命史家的男女都来辨认。这时忠烈公的第八弟已死，他的夫人年轻漂亮，为他守节，也出来看这个托名者。大将看上了她的美色，想强娶她，夫人自杀而死。当时因为她是被大将所逼，没有人敢表彰她。唉！忠烈公曾痛恨史可程在北方，当改朝换代之时，不能把持操守，而上书弹劾他。怎会知道在自己死后竟然有弟媳凭女子之身而继承夫兄所遗留的节烈精神呢？梅花像雪一样，芳香而不染尘埃，他日如果有人修建忠烈公的祠堂，副使马鸣騄等诸公想必会在陪祀之列，还应当另辟一室来祭祀夫人，再附以当时殉难的烈女一辈。

第二节 社会主义核心价值观·敬业

社会主义核心价值观，在公民个体层面的第二个价值目标，是“敬业”。

一、敬业首先是实现自我

中华传统文化不赞同把自己的一生潦草打发，孔子说“君子谋道不谋食”，人生发展的大道，才是君子该去认真谋划的。君子做事，是因为这份事业真正有意义，而不是因为这份工作能简单糊口。找寻到值得自己为之奋斗一生的事业，在这条通往理想目标的道路上，不因一时的穷困与低落而放弃，最终实现自我价值，这才是真正的敬业。

经典古文阅读篇目 1：

子曰：“饱食终日，无所用心，难矣哉！不有博弈者乎？为之，犹贤乎已。”

——节选自《论语·阳货》（中华书局 2016 年版）

译文

孔子说：“整天吃饱了饭，什么心思也不用，这种人难有长进啊！不是还有棋类游戏吗？干这个，也比什么都不做好些。”

经典古文阅读篇目 2：

樊迟问仁。子曰："居处恭，执事敬，与人忠。虽之夷狄，不可弃也。"

——节选自《论语·子路》（中华书局 2016 年版）

译文

樊迟问怎样才是仁。孔子说："平日在家态度恭敬，对待自己所负责的事务严肃认真，对人忠心真诚。即使到夷狄之国，这些品格也不能丢弃。"

二、敬业其次是成就事业

个人的敬业，不仅能够成就自我，更可以提升其所从事的事业。比如，正因为有了晋太史董狐、汉太史令司马迁等冒死秉笔、据事直书的史官精神，才成就了中国史学的优良传统和深厚底蕴；正因为有了"茶圣"陆羽深入考察、亲自实践的钻研精神，才成就了中国的茶学专业，使茶文化成为中国标志性的文化；正因为有了徐霞客踏遍大江南北的艰苦行迹，才提升了中国古代的旅行事业和地理考察事业。

经典古文阅读篇目 3：

楚庄王好猎，大夫谏曰："晋楚敌国也，楚不谋晋，晋必谋楚，今王无乃耽于乐乎？"王曰："吾猎将以求士也。其榛藂刺虎豹者，吾是以知其勇也；其攫犀搏兕者，吾是以知其劲有力也；罢田而分所得，吾是以知其仁也。因是道也而得三士焉，楚国以安。"故曰：苟有志则无非事者，此之谓也。

——节选自《说苑·君道》（天津古籍出版社 2021 年版）

译文

楚庄王爱好打猎，大夫向他进谏说："晋国和楚国是相互敌对的国家，即使楚国不去进犯晋国，晋国也会来进犯楚国，现在大王难道不是沉溺于玩乐吗？"楚庄王说："我打猎是为了寻求贤士。能跳入榛丛中刺杀虎豹的人，我因此知道他勇猛；能与犀牛搏斗的人，我因此知道他强劲有力；狩猎结束与人分享猎物，我因此知道他有仁爱之心。通过这种方法而得到三类贤士，楚国就可以安定了。”所以说：假如有志则没有错事，说的就是这个。

经典古文阅读篇目 4：

太史公曰：“先人有言：‘自周公卒五百岁而有孔子。孔子卒后至于今五百岁，有能绍明世，正《易传》，继《春秋》，本《诗》《书》《礼》《乐》之际？’意在斯乎！意在斯乎！小子何敢让焉。”

——节选自《史记·太史公自序》（中华书局 2014 年版）

译文

太史公说：“我的父亲生前曾经说过：‘自周公死后过了五百年出了孔子。孔子死后到现在也有五百年了，有谁能继承圣明时代的事业，正确理解《易传》，接续《春秋》，依据《诗》《书》《礼》《乐》的本质意义，来写一部新的著作呢？’他老人家的意思是把希望寄托在我的身上啊！寄托在我的身上啊！我怎么敢推辞呢。”

三、敬业还是奉献社会

敬业，是对社会、对时代，甚至对整个人类历史有所贡献。如朱熹评价孔子说“天不生仲尼，万古长如夜”，在他看来，孔子的思想启迪了后世智慧，照耀了万古长空。

经典古文阅读篇目 5：

为天地立心，为生民立命，为往圣继绝学，为万世开太平。

——节选自《张子全书》（西北大学出版社 2015 年版）

解读

这是北宋理学家张载的名言，被称为“横渠四句”。这四句话包含着古代儒者四个方面的追求。

（1）“为天地立心”。北宋理学家程颢说：“天地无心，以生物为心。”又说：“天地无心而成化。”天地本无心，但人有心，人的心也就是使其生而为人并能够秉具博爱济众思想的仁者之心。儒者的责任，就是要识仁求仁，好仁恶不仁，这就是所谓的“为天地立心”。

（2）“为生民立命”。这一点来源于孟子的“立命”思想。《孟子·尽心上》有云：“尽其心者，知其性也。知其性，则知天矣。存其心，养其性，所以事天也。夭寿不贰，修身以俟之，所以立命也。”“生民”即天下百姓，儒家圣贤开显的“安身立命”之道，正是为了生民。伦常政教的设立实施，使生民的生活有了依循，这就是“为生民立命”了。

（3）“为往圣继绝学”。“往圣”者，孔子、孟子所代表的先儒也；“绝学”者，孔孟先儒所弘扬之学也。宋代理学家认为儒家圣人之学渐衰，自两汉以后，千百年间，一直未能善续先秦儒家的学脉，真正能阐扬承继孔孟先儒之道统者，唯有宋儒，而后世学者也应该把继承和发扬圣贤之学作为自己的目标。

（4）“为万世开太平”。这一点表达的是儒者永恒的政治理想。儒家“以内圣为本质，以外王表功能”。功能之大者，便是开出太平盛世，且不只是一时，而是为千年万世开太平。

“横渠四句”言简意宏，一直被人们传诵不衰，不少名家都对其有过解释阐发。这四句话中饱含着为学者崇高的使命感和强烈的社会责任感，这种为天地、为生民、为往圣、为万世作贡献的追求，不正是为学者敬业精神的体现吗？

敬业的人，将达成自我价值的实现，将成就一番事业，甚至将促成社会的全面提升，为人类历史的发展贡献力量。

第三节
社会主义核心价值观·诚信

社会主义核心价值观，在公民个体层面的第三个价值目标，是“诚信”。

一、民无信不立

我们每个人每一天的言行举止，都是比印盖在契约上的人名章更有说服力、更有真实度、更具考验性的人生信义证明。

信是一种品格，一言既出，驷马难追。

信是一种责任，一言九鼎，一诺千金。

信，更是一种准则，人无信不可，民无信不立，国无信不威。

经典古文阅读篇目 1：

人之所以为人者，言也。人而不能言，何以为人？言之所以为言者，信也。言而不信，何以为言？

——节选自《春秋穀梁传·僖公二十二年》（岳麓书社 2021 年版）

译文

人之所以成为人，是因为能言语。如果不能言语，凭什么称他为人？言语之所以有意义，是因为能表达信义。如果言而无信，那还算什么言语呢？

经典古文阅读篇目 2：

曾子曰："吾日三省吾身：为人谋而不忠乎？与朋友交而不信乎？传不习乎？"

——节选自《论语·学而》（中华书局 2016 年版）

译文

曾子说："我每天多次反省自己：为别人办事是否尽心竭力了？同朋友交往是否真诚守信了？对老师传授的学业是否认真复习了？"

二、人无诚不行

"诚信"这个词，"诚"在"信"前。

诚，是内心自觉。诚信，必须心意真诚，才会自觉信守约定。

诚，贯穿了万事万物的始终，不诚就没有万物，因而君子以诚为贵。

经典古文阅读篇目 3：

自诚明，谓之性；自明诚，谓之教。诚则明矣，明则诚矣。

唯天下至诚，为能尽其性；能尽其性，则能尽人之性；能尽人之性，则能尽物之性；能尽物之性，则可以赞天地之化育；可以赞天地之化育，则可以与天地参矣。

其次致曲，曲能有诚，诚则形，形则著，著则明，明则动，动则变，变则化，唯天下至诚为能化。

至诚之道，可以前知。国家将兴，必有祯祥；国家将亡，必有妖孽。见乎蓍龟，动乎四体。祸福将至：善，必先知之；不善，必先知之。故至诚如神。

诚者自成也，而道自道也。诚者物之终始，不诚无物。是故君子诚之为贵。诚者，非自成己而已也，所以成物也。成己，仁也；成物，知也。性之德也，合外内之道也，故时措之宜也。

——节选自《大学　中庸》(中华书局 2018 年版)

译文

由真诚达到通晓事理，这叫天性；由通晓事理达到真诚，这叫教化。真诚就会通晓事理，通晓事理就会真诚。

只有天下最真诚的人，才能充分发挥他的本性；能充分发挥他的本性，就能充分发挥众人的本性；能充分发挥众人的本性，就能充分发挥万物的本性；能充分发挥万物的本性，就可以帮助天地化育生命；能帮助天地化育生命，就可以与天地并列了。

次一等的人致力于某一个善端，致力于某一个善端，也就能达到真诚，达到真诚就会表现出来，表现出来就会逐渐显著，显著了就会光辉明亮，光辉明亮就会感动他人，感动他人就会引起转变，引起转变就能化育万物，只有天下最真诚的人能化育万物。

最高境界的真诚，可以预知未来。国家将要兴盛，必定有吉祥的前兆；国家将要衰败，必定有不祥的反常现象。它呈现在蓍草龟甲上，体现在手脚动作上。祸福要来临时：好事，一定会提前知道；不好的事，也一定会提前知道。因此最高境界的真诚如同神灵一般。

真诚是自我完善的，道是自己运行的。真诚贯穿万物的始终，没有真诚就没有万物。因此，君子把真诚看得非常珍贵。真诚，并不只是自我完善就够了，还要完善事物。自我完善是仁，完善事物是智。这是发自本性的德行，是结合了内外的道，因此适合在任何时候施行。

三、诚信乃国之大纲

中华传统文化视诚信为国之大纲，十分注重社会诚信体系的建设，君臣上下，讲究诚信，由此形成良好的社会风气。

经典古文阅读篇目 4：

贞观初，有上书请去佞臣者，太宗谓曰："朕之所任，皆以为贤，卿知佞者谁耶?"对曰："臣居草泽，不的知佞者，请陛下佯怒以试群臣，若能不畏雷霆，直言进谏，则是正人，顺情阿旨，则是佞人。"太宗谓封德彝曰："流水清浊，在其源也。君者政源，人庶犹水，君自为诈，欲臣下行直，是犹源浊而望水清，理不可得。朕常以魏武帝多诡诈，深鄙其为人，如此，岂可堪为教令?"谓上书人曰："朕欲使大信行于天下，不欲以诈道训俗，卿言虽善，朕所不取也。"

贞观十年，魏徵上疏曰：臣闻为国之基，必资于德礼，君之所保，唯在于诚信。诚信立则下无二心，德礼形则远人斯格。然则德礼诚信，国之大纲，在于君臣父子，不可斯须而废也。故孔子曰："君使臣以礼，臣事君以忠。"又曰："自古皆有死，民无信不立。"文子曰："同言而信，信在言前；同令而行，诚在令外。"然则言而不信，言无信也；令而不从，令无诚也。不信之言，无诚之令，为上则败德，为下则危身，虽在颠沛之中，君子之所不为也。

……

贞观十七年，太宗谓侍臣曰："传称'去食存信'，孔子曰：'民无信不立。’昔项羽既入咸阳，已制天下，向能力行仁信，谁夺耶？”房玄龄对曰：“仁、义、礼、智、信，谓之五常，废一不可。能勤行之，甚有裨益。殷纣狎侮五常，武王夺之，项氏以无仁信为汉高祖所夺，诚如圣旨。”

——节选自《贞观政要·卷第五·诚信第十七》（《贞观政要译注》，上海古籍出版社 2016 年版）

译文

贞观初年，有人上书请求斥退佞臣，唐太宗对他说：“我任用的人，都认为是贤臣，你知道谁是佞臣吗？”那人回答说：“我住在民间，并不确知谁是佞臣，请陛下假装发怒来试一试身边的大臣们，假如能够不畏惧雷霆之怒，直言进谏，那么就是正人贤臣，如果依顺陛下的情绪迎合旨意，那么就是佞邪的人。”唐太宗对封德彝说：“流水的清与浊，关键在于源头。君主好比施政的源头，臣民好比流水，君主自己先以诈术骗人，却要臣下行为正直，那就好比水源浑浊而希望流水清澈，这在道理上是讲不通的。我常常因为魏武帝曹操多行诡诈，很看不起他的为人，像这样做的话，怎么还配去教化人民呢？”于是，唐太宗对上书的人说：“我想让诚信行于天下，不想用诈骗之术去引导民俗，你的话虽然出自善意，但我不能采纳。”

贞观十年，魏徵上疏说：臣听说治理国家的基础，在于依靠德行礼义；君王所应坚持的，在于谨守诚实信用。诚实信用树立了，那么臣下就不会产生二心，德行礼义形成后远方之人也会来归顺。由此可见，德行礼义、诚实信用是国家的纲领，贯穿在君臣、父子关系中，一刻也不能废弃。所以孔子说：“君王以礼对待臣子，臣子以忠心侍奉君王。”又说：“自古人生都有一死，人民如若不信任官府，国家就无法存立。”文子说：“同样的话而能够被人信任，是因为说话之前已经取信于人；同样的命令而能够得到执行，是因为有诚意伴随着命令。”这样看来，说话不能被信任，是因为言而无信的缘故；法令不能被服从，是因为法令没有诚意的缘故。没有信用的言语，没有诚意的法令，对国君来说会败坏品德，对臣下来说会招致杀身之祸，即使是在世道衰乱的时候，有德有才的君子也不会这样做的。

……

贞观十七年，唐太宗对侍从的大臣们说：“古书上说：‘宁可不要粮食也要保持百姓对国家的信任'，孔子说：'百姓不信任国家，便不能立国。'从前项羽攻入咸阳，已经控制了天下，当时如果能够努力推行仁政，那么谁能和他争夺天下呢?”房玄龄回答说：“仁、义、礼、智、信，称为五常，废弃任何一项都不行。如果能够认真推行这五常，对国家是大有益处的。殷纣王违反五常，被周武王夺了天下，项羽因为没有仁信而被汉高祖夺了天下，正像陛下所说的那样。”

第四节 社会主义核心价值观·友善

社会主义核心价值观，在公民个体层面的第四个价值目标，是“友善”。

“友善”这个词，可以拆分成两部分来看：“友”是友好，表现友好，这是行为要求，是表面现象；“善”是善良，心怀善意，这是心理要求，是内心态度。如果只强调表面的友好而不顾内心真情实感，就容易沦为伪善；而如果只强调内部的善心而不谈如何外化于行，就容易产生隔阂误解。所以，“出于善意的友好”，这才是“友善”这个词对于人际关系的完整诠释。

一、与人为友

中华传统文化里的友谊观并不追求高朋满座、门庭若市的浮华结交，因为易聚往往易散，其所追求的，是心意相通的君子之交，是平淡如水的诚心待人。

经典古文阅读篇目 1：

孔子曰：“益者三友，损者三友。友直，友谅，友多闻，益矣。友便辟，友善柔，友便佞，损矣。”

——节选自《论语·季氏》(中华书局 2016 年版)

译文

孔子说："有益的朋友有三种，有害的朋友有三种。与正直的人交朋友，与守信义的人交朋友，与知识广博的人交朋友，是有益的。与谄媚逢迎的人交朋友，与表面奉承而背后诋毁的人交朋友，与善于花言巧语的人交朋友，是有害的。"

经典古文阅读篇目 2：

论交

［三国］诸葛亮

势利之交，难以经远。士之相知，温不增华，寒不改叶，能贯四时而不衰，历险夷而益固。

——选自《诸葛亮集》（中华书局 2020 年版）

译文

建立在权势和名利之上的交往，是难以持久的。有修养的人之间彼此深交而心意相通时，就好比常青花木，温暖时也不会多开花，寒冷时也不会改变叶子的颜色，能够经历一年四季而不衰败，经历艰险而日益牢固。

启示

君子相交的友谊，就像是一棵常青树，在温暖的顺境里不必去刻意锦上添花、增枝加叶，在寒冷的逆境中也不会改投别处、落井下石，能够经住任何时节的考验，而且在患难之时更显坚固。

二、心从善念

在"友善"一词里，"善"的重要性，就如同是常青树的根基，促发着地表上生长出友好的绿叶与鲜花，花叶都只是美好的表象，善意才是这棵树之所以常青的基础。花开花落的表象可顺其自然，坚如磐石的善心却不可更改。

经典古文阅读篇目 3：

庄周家贫，故往贷粟于监河侯。监河侯曰："诺。我将得邑金，将贷子三百金，可乎？”

庄周忿然作色曰：“周昨来，有中道而呼者。周顾视车辙，中有鲋鱼焉。周问之曰：‘鲋鱼来，子何为者耶？’对曰：‘我，东海之波臣也。君岂有斗升之水而活我哉！’周曰：‘诺。我且南游吴越之王，激西江之水而迎子，可乎？’鲋鱼忿然作色曰：‘吾失我常与，我无所处。我得斗升之水然活耳，君乃言此，曾不如早索我于枯鱼之肆。’”

——节选自《庄子·杂篇·外物》（《庄子》，中华书局 2022 年版）

译文

庄周家境贫穷，所以去找监河侯借粟米。监河侯说：“没问题。等我收到封地的赋税，我就借给你三百金，可以吗？”

庄周气得脸色都变了，说：“我昨天来时，半路上听到呼叫声。我回头看了看车辙沟，里面有只鲫鱼。我向它问道：‘小鲫鱼啊，你在这里做什么？’它回答说：‘我是东海水族中的一个臣子，你能用斗升之水来救我吗？’我说：‘好的。等我去南方游说吴、越两国的国王，再引出西江的水流来迎接你，可以吗？’鲫鱼气得脸色大变，生气地说：‘我丧失了时常伴随我的水，已经无处存身。我只要有斗升多的水就可以存活，你却如此说话，还不如早点到干鱼市场里找我。’”

启示

庄子借粟米的故事，深则深，浅则浅。从浅的层面来说，就是人与人之间最可贵的是雪中送炭而不是锦上添花。雪中送炭，就是急他人所急，就是善念、善心、善行。

经典古文阅读篇目 4：

仁者，谓其中心欣然爱人也。其喜人之有福，而恶人之有祸也，生心之所不能已也，非求其报也。故曰：“上仁为之而无以为也。”

——节选自《韩非子·解老》（《韩非子译注》，上海古籍出版社 2012 年版）

译文

仁，是从内心乐意爱别人。怀有仁慈之心的人喜欢别人有福，而不喜欢别人有祸，这是出自内心的不可遏抑的一种自然的情感，并不是为了要取得别人的报答。所以《老子》说：“非常仁慈的人努力行善，但并不是为了达到什么目的才这样做的。”

单元学习活动

◎你从古人有关“爱国、敬业、诚信、友善”的思想中悟出了什么道理？选择其中一点谈一谈自己的想法。

第三单元

开放包容，多元交流

——中国古代对外交往

第一节
中国古代对外交往概况

中国古代对外交往是逐步发展的，先是从周围的邻国开始，如朝鲜、日本和东南亚各国，然后逐渐扩展到中亚、西亚，最后到欧洲、东非和北非。

中国古代对外交往，大致有三个高峰阶段，分别是秦汉时期、隋唐时期和宋元明时期。

一、秦汉时期

1. 对外交往史实。

秦至汉初，中国的对外交往初步发展，但主要限于近邻朝鲜、日本、越南、泰国、柬埔寨、缅甸等一些国家。汉武帝时期，张骞出使西域，中华文明通过“丝绸之路”迅速西传。东汉晚期中国和西亚、欧洲有了正式、直接的往来。

汉代以开放的姿态，迎接来自世界各地的人们，吸纳色彩各异的文化元素。当时的中国对外交往在东亚不断深化，并且远及欧洲和非洲。汉初政局不稳，史籍载燕赵人前往朝鲜者数万，后三韩多次派人晋见武帝和光武帝。朝鲜的檀弓、果下马等输入中国，中国的铜镜、漆器、铁制工具等输至朝鲜。日本与中国的往来也较早，《后汉书·东夷传》记载，日本“凡百余国，自武帝灭朝鲜，使译通于汉者三十许国”；东汉建武中元二年（57），倭奴国（当时日本所分的百余国其中之一的“奴”国）奉贡朝贺，光武帝赐以印绶。中国的铁器、铜镜、丝帛等传入日本。越南的象牙、珍珠等输入中国，中国的铁犁及牛耕和水利工程技术在越南推广。在与西方的交往方面，张骞出使西域成为划时代的历史事件。张骞之“凿空”，开辟了以长安为起点，经河西走廊，出玉门关或阳关往西通中亚、西亚的交通要道。中国的铁器、丝绸和养蚕缫丝、铸铁、井渠、造纸技术等得以西传，佛教则向东传入中国。从广东向西沿海岸线、中南半岛南下，绕过马来半岛，出马六甲海峡，到孟加拉湾沿岸，最远达印度半岛南端，海上丝绸之路这一交通线路在汉代就已基本形成。西亚大国安息，利用陆上丝绸之路与汉朝频繁交往，并通过海上丝绸之路在汉朝与大秦间做转手贸易。处于陆上丝绸之路西端的大秦，与汉的直接交往受安息等国的阻碍。东汉永元九年（97），甘英受班超派遣出使大秦，行抵安息西境，临海而回，未能成功。延熹九年（166），大秦王安敦派遣使者由海路经印度、越南到达东汉洛阳，这是中国和欧洲正式交往的开始。

2. 古代中外文化交流的第一次高峰。

张骞出使西域，开通丝绸之路，是这一时期我国外交最光辉的表现。它开启了中西交通的新纪元。汉武帝建元三年（前 138），张骞首次出使西域，目的是联络大月氏共击匈奴。元狩四年（前 119），张骞第二次出使西域，目的是发展与西域的友好往来关系。他的探险直接开辟了丝绸之路，造福当时，泽及后人。丝绸之路成为当时连接东西方两大文明中心的通道，大量的使臣、商人络绎不绝地奔波往返，各地的物质产品和精神成果得到了充分的交流。

随着以汉帝国为一端、以罗马帝国为另一端的海陆两条丝绸之路的发展与繁荣，中外文化交流出现了历史上的第一次高峰。中华文化源源不断地传向中亚、西亚、欧洲等地，促进了西方乃至世界文明的进步；同时，勤劳智慧的中国人民亦善于学习和吸收西方先进的文明成果，不断丰富和促进中华文明。

二、隋唐时期

1. 对外交往史实。

魏晋南北朝至隋唐时期，对外交往活跃的阶段主要是隋唐时期。隋唐时期，交通发达，对外交往水陆并举。陆路从长安出发，东达朝鲜，西通天竺、波斯、大食和欧洲许多国家。水路从登州、扬州出发，可到达韩国、日本；从广州出发，最远可到达波斯湾。唐朝政府实施开放的对外政策，鼓励外商来往贸易，允许他们在中国长期居住、做官，以及与中国人通婚。唐都长安成为当时的国际大都会。

新罗（朝鲜半岛古国）与隋唐联系和交往非常密切。新罗人来中国留学者众多，其中以崔致远最为著名。长安设有“新罗坊”“新罗馆”以接待新罗商旅。新罗立国参用唐制，举国学、教儒学，此外还从唐引进茶叶、雕版印刷术和高超的制瓷、制铜等技术。新罗人喜读唐诗，许多文人会写唐诗。新罗的姓氏、服饰、节令、风俗等方面，都有浓厚的中华文化色彩。

隋唐两朝与日本往来亦频繁。隋时中日互遣使者，唐代日本派出遣唐使十多次。日本著名的大化改新由留唐回国人员策动，新政中的制度大多以唐制为蓝本；新都城建造完全依照长安的样式；新律大体采用唐律；学校以儒家经典为教材。日本的吉备真备和中国的鉴真为中日友好交往作出了突出的贡献。

这一阶段印度半岛的天竺与中国的交往以佛教为纽带。贞观时，天竺一再遣使来唐，送来郁金香、菩提树等物产。唐朝佛教学者玄奘和义净的西行在中印文化交流中起了重要作用。

中亚一些国家在隋唐时多次遣使前来，带来名马、异药等特产。隋朝时中国和波斯已互遣使节。唐朝时，波斯遭大食侵犯，曾向华求援。波斯商人在中国开设过不少“波斯店”。唐高宗时，大食开始遣使来华，持续了半个世纪。中国造纸术唐时传到大食。

唐朝与东罗马亦有使节往还。东罗马的医术、杂技传入中国，中国的丝绸、瓷器大量运往欧洲。

2. 古代中外文化交流的第二次高峰。

隋唐时期，我国封建经济处于上升阶段，对外经济文化交流也得到很大发展，达到一个高峰。

这一时期的对外关系有三大特点：

第一，我国已逐步成为东方的经济文化中心。与一些邻近国家的交流，已经不仅限于一般的贸易来往，而是深入文化和经济等各个领域。

第二，我国对外经济文化交流的空间范围显著扩大，除东亚和东南亚国家外，还与中亚、西亚、欧洲，甚至非洲都有频繁的经济和文化方面的往来。

第三，此时的海运和陆运都很发达，陆上和海上丝绸之路都很繁荣。

三、宋元明时期

1. 对外交往史实。

宋元时期，中外贸易非常活跃。北宋时，在广州、杭州、明州、泉州皆设有市舶司，专门负责对外贸易事务。南宋的海外贸易规模比北宋更大，市舶司的收入成为国家财政收入的重要来源之一。到了元代，中西交通空前发达。元朝政府非常重视对外通商，采取有力措施保护商路，使内外商道长期保持安全通畅。另外，为适应海外贸易的需要，元代的造船业也非常发达。

宋元时期，亚洲各国的经济文化往来更加频繁，中国的丝绸、茶叶、瓷器、书画、药材等大量输往朝鲜、日本及东南亚、中亚、西亚各国。朝鲜的笔、墨、纸、扇，日本的硫磺、倭刀、木材、砂金等也不断进入中国。北宋时，越南的优良稻种占城稻在中国各地广泛种植，促进了中国农业的发展。中国的印刷术和诗赋等文学形式传到越南。南宋以后，大批中国人移居南洋，对开发这一地区作出了很大贡献。同时，中国与中亚、西亚和非洲国家的关系也大为加强。许多阿拉伯人、波斯人移居中国。阿拉伯的天文、历算和医学等在中国也有较大影响。此外，中国与欧洲的文化交流逐渐加深。宋元时期，中国的四大发明通过阿拉伯人先后传到欧洲，对欧洲社会的发展与变革起到了重要作用。元至元十二年（1275），意大利人马可·波罗来到中国，受到元世祖忽必烈的赏识，在元政府中做了十几年的官。他回到家乡后写了《马可·波罗游记》一书，对中国的繁荣富庶极尽称赞。此书在欧洲广为传播，影响很大，吸引了大批欧洲人东来。

明朝前期，郑和七下西洋密切了我国同亚非许多国家和地区的联系。但是，郑和下西洋的目的不是发展海外贸易，采取的是不计经济效益的策略，给明朝造成巨大负担。随着国力的衰退，航海的壮举也悄然结束。

明朝中期以前，对外交往的兴盛与国家统一、国力强盛、科技先进、对外交通发达等因素有关。这一时期的中国农耕文明充满活力，发展水平处于世界前列，统治者也具有不断开拓的愿望和对外开放、兼收并蓄的胆识。明朝中后期，玉米、马铃薯、烟草等经济作物传入我国并得到推广。16 世纪后期，西方传教士来到中国，他们说汉语，穿儒服，把西方的天文、数学、地理、绘画、音乐等方面的知识介绍到中国，又把中国的儒家和道家学说等介绍到西方，为中西文化交流作出了贡献。代表性人物有意大利传教士利玛窦和中国科学家徐光启。

明朝中期之后至清朝，中国的对外关系呈现日益被动、保守的趋势。当时，我国开始遭受外国的侵略，中国人民的反侵略斗争成为这一时期对外关系中的重要内容，如戚继光抗倭、郑成功收复台湾、雅克萨之战驱逐沙俄侵略者并在平等的基础上签订《中俄尼布楚条约》等。乾隆以后，清政府开始长期实行闭关锁国政策，致使中国与世界长期隔绝，因而不能主动迎接从农耕文明向工业文明转型的历史性挑战，逐渐落后于世界潮流。

2. 中国古代中外文化交流的第三次高峰。

宋元明时期，随着中外贸易的不断发展，中外文化交流出现了第三次高峰。

这一时期的对外关系有两个重要特点：

第一，自北宋开始，封建社会商品经济发展，内外贸易繁荣，对外航运突飞猛进，尤其是海上运输在世界名列前茅。宋元时期，中国船队是南海和印度洋上最活跃的船队。

第二，宋元明时期，我国在对外经济文化交流方面出现了一批富有远航经验的国际旅行家，如元朝的汪大渊、明朝的郑和等。同时，从阿拉伯、波斯和欧洲来的大批商人中，也涌现了一批世界著名的旅行家，如元朝来华的意大利人马可·波罗、摩洛哥人伊本·白图泰及明朝来华的意大利人利玛窦等。

第二节
中国古代对外交往重大事件

一、张骞出使西域

张骞出使西域又称张骞通西域，指的是汉武帝时期，张骞两次出使西域各国的历史事件。

汉武帝时期，汉朝欲联合大月氏共击匈奴，张骞应募任使者。建元三年（前 138），张骞带领使团出陇西，经匈奴，被俘，约十年后方逃脱。西行至大宛，经康居，抵达大月氏，再至大夏，停留了一年多返回。在归途中，为避匈奴，张骞改从南道，依傍南山，但仍为匈奴所得，又被扣留一年多。元朔三年（前 126），匈奴内乱，张骞乘机逃回汉朝，向汉武帝详细报告了西域的情况，武帝授之以太中大夫。元朔六年（前 123），张骞因击匈奴有功，封博望侯。元狩四年（前 119），张骞又奉命出使大宛、康居、大夏、安息等地。因张骞在西域颇有威信，后来汉朝所遣使者多称博望侯以取信于诸国。

张骞出使西域本为贯彻汉武帝联合大月氏抗击匈奴的战略意图，从客观结果来看，其出使西域后中外文化交往频繁，各地文明通过丝绸之路向外传播并交流融合。因而，张骞出使西域这一事件便具有特殊的历史意义。他对丝绸之路的开辟有卓越贡献，其“凿空”之行至今举世称道。

二、玄奘西游

玄奘（602 或 600—664），唐代著名高僧，洛州缑氏（今属河南偃师）人，俗家姓陈，法名玄奘，通称“三藏法师”，后世俗称“唐僧”，与鸠摩罗什、真谛并称为中国佛教三大翻译家。

玄奘为探究佛教各派学说分歧，于贞观元年（627，一说贞观三年）独自西行，历经艰辛到达天竺，在天竺佛教中心那烂陀寺研习。他游历天竺各处佛教圣地，学遍了当时的大小乘各种学说，历十九年回到长安，带回宝贵的佛学经论等资料，并长期从事翻译佛经的工作。玄奘及其弟子共译出佛典75部共1 335卷。由玄奘亲述，其弟子编撰的《大唐西域记》记述了他亲身经历的110个国家及听闻的28个国家的山川、地邑、物产、习俗等。《西游记》即以其取经事迹为原型。

玄奘被誉为中外文化交流的杰出使者。他以无我、无人、无众生、无寿者相，不畏生死的精神，西行取佛经，足迹遍布印度，影响远至日本、韩国等地，对佛教的传播与发展作出了重要贡献。

三、鉴真东渡

鉴真（688—763），唐朝僧人，俗姓淳于，扬州江阳（今江苏扬州）人。曾担任扬州大明寺住持，应日本留学僧邀请东渡日本，弘传佛法，促进了文化的传播与交流。

当时，从唐朝去往日本的航路相当艰险。鉴真一行人先后五次东渡失败，他本人因为辛劳过度而双目失明，直至第六次东渡方才成功。鉴真到达日本以后，宣教传律，被尊为律宗初祖。此外，鉴真及其弟子在建筑、艺术、医学等方面，也作出了巨大的贡献。他在日本设计并领导建造了一座新寺院，叫唐招提寺。唐招提寺具有浓厚的盛唐建筑风格，对日本的佛教寺院建筑产生了深远的影响。鉴真还是一位医学家和药物学家，他双目失明后，凭着自己的嗅觉鉴别草药，传授中医知识，留有《鉴真上人秘方》一卷，为日本医学界所推崇。鉴真随船带到日本的还有绣像、画像、书法等，对日本艺术的发展亦产生了影响。

广德元年（763），鉴真在唐招提寺圆寂，终年76岁。日本人民称鉴真为“天平之甍”，意为他的成就足以代表天平时代文化的屋脊。

四、郑和下西洋

郑和下西洋是明朝初年的一场大规模远洋航行活动。

永乐三年（1405），明成祖命三宝太监郑和率领 2.7 万余人从苏州刘家港（今江苏太仓东浏河镇）起锚，远航西太平洋和印度洋。从 1405 到 1433 年，郑和共率船队七次出洋，拜访了 30 多个国家和地区，目前已知最远曾达非洲东海岸和红海海口。郑和每到一地，都以瓷器、丝绸、铜铁器和金银等物换取当地特产，与亚非各国加强联系。南洋各地至今仍保留着不少有关郑和的遗迹。

郑和下西洋的目的众说纷纭：一说宣扬大明威德，《明史·郑和传》中说“且欲耀兵异域，示中国富强”；一说寻找建文帝，《明史·郑和传》中说“成祖疑惠帝亡海外，欲觅踪迹”；另有包抄帖木儿帝国、扫荡张士诚旧部、解决军事复员问题、获取海外朝贡、发展贸易缓解财政压力等说法。

郑和下西洋是中国古代规模最大、时间最久的海上航行活动，比欧洲大航海时间早近一个世纪，是明朝强盛的直接体现。郑和堪称“大航海时代”的先驱，是那个时代的航海家中唯一的东方人。其所领导的航海壮举开创了西太平洋与印度洋之间的亚非海上交通线，扩大了中国对外交往的范围，开拓了海外贸易，促进了中外经济文化交流。

单元学习活动

◎中国古代对外交往经历了哪三个高峰阶段？选择其中某一个阶段，说说该阶段中外经济文化交流的特点。

◎选择中国古代对外交往史上的一位重要人物，向同学们讲述其事迹。

第四单元

组织严密，覆盖广泛

——中国古代物流

第一节
中国古代物流概况

物流原意为“实物分配”或“货物配送”。现代物流被定义为物资从供方到需方在一定时间和空间上的流动。其功能包括物资的运输、储藏、装卸、包装、流通加工、包装物和废品回收及相关物流信息的存取、处理。

“物流”一词虽是现代名词，但物流活动的产生由来已久。中国古代的物流与现代物流的含义不太一样，但是在古代就存在着物流现象，并且有相当的规模。

一、古代物流的成因及意义

1. 古代物流的成因。

古代物流的形成具有多方面因素。首先，在农耕时代，由于地区的差异，种植的作物必然面临在不同地区间大范围流动的需要。同时，在社会生活中，从全国各地调集的粮食、农副产品、布匹等生活日用品需要向京师和中心城市流动，而铸造钱币、兵器的原材料以及建筑用的木材石料、奇珍异物等的运送也需要获得物流业的支持。

当然，在物流成因中还有重要的两项，即满足各地区赈灾以及战争后勤物资供给的需要。丰收之年政府收购粮食储存起来，等到灾年开仓放粮，这些都需要相应的储存粮食的基础设施建设和运输管理。战争后勤物资的转运，比如粮草、兵器、马匹、盔甲等的运输，也要靠物流业的支持。

2. 古代物流的意义。

在中国封建社会重农抑商大环境的影响下，中国古代和近代物流的产生主要出于政治和军事的需要，单纯由商业活动而促成的物流活动，在史料中的记载并不多。清代晋商在其商业活动中意识到了物流对商业发展的作用，其所提出的“货通天下”的思想，可以说是对物流的经济作用的一个比较早、比较系统的认识。从物流发展过程以及人类文明发展历史来看，物流的作用不仅仅是货物的运输和仓储，物流活动本身也具有一定的历史意义。

二、古代物流概况

1. 古代物流的运输方式。

物的流通一定少不了运输，交通的不断完善，马、车、船等交通工具的日益发展，钩织成了古代物流完整的运输系统。古代的运输方式可分为陆路运输和水路运输。陆路运输是在陆地上以人力驮、扛、担，和以牛、马等牲畜或车辆承载运送物品。水路运输即以船舶为工具在水域进行物品运送。在古代交通不发达的条件下，陆路运输成本高，运力较小，故而长途的大宗物流主要由水路运输承担。例如以大运河和黄河为主体的古代漕运，就是依靠水路物流网络，将粮资从产地向京师等地运送，从而实现在广大的国土范围内进行资源的调度、控制和再分配。

2. 古代物流的仓储形式。

物在被运输前及到达目的地后，必然需要储存，相应的仓储形式便尤为重要。

基本上，我国古代仓储有储存、储备两大功能。储存是将运达的粮资保管起来，供皇室、官吏及人民日常消费；储备是为了应对战争、灾荒及突发事件。同时，仓储还有平抑物价之功能。粮丰时收粮入仓，粮欠时开仓放粮，从而避免价格飞涨，影响市场稳定。

先秦时期，人们就已经意识到了仓储的重要性。《礼记·王制》论道：“国无九年之蓄，曰不足；无六年之蓄，曰急；无三年之蓄，曰国非其国也。”秦代有专门的仓律，律文中包括了谷物入仓、发放的登记及管理。汉代设立常平仓制度，设有专门的会计簿册，详细记录仓储谷物数量、品种、出入、经手人、核验情况等，成为后世封建王朝沿用的主要仓储制度。宋代以后，有关仓储的规章更多、更细、更严，至清代我国古代仓储系统已经相当发达和完善。

古代仓储分为官府仓储和民间仓储。官府仓储由各级政府机构管理，如常平仓、含嘉仓等；民间仓储则在官府的指导下，由民间自主、自愿积储并自行管理，作为官府仓储的补充，如义仓、社仓等。

常平仓：公元前54年汉宣帝采纳大司农中丞耿寿昌的建议，“令边郡皆筑仓，以谷贱时增其价而籴，以利农；谷贵时减其价而粜。名曰常平仓，民便之”。

含嘉仓：唐代国家粮仓，在今河南省洛阳市隋唐洛阳城内皇城外东北方。原为含嘉城，始建于隋大业年间，唐初置为大规模存粮的国家大型粮仓。唐天宝八载含嘉仓总储粮量达580余万石，为当时全国粮仓中最大者。

义仓：隋以后为备荒而设置的粮仓，主要由百姓缴纳义租，或由民间自愿捐输。隋文帝时，长孙平奏令民间每年秋天由每户出粟一石以下，根据贫富分等储之里巷，以备荒年，称为“义仓”。

社仓：南宋朱熹提出的一种仓储形式，源自隋唐的义仓和北宋时期王安石的“青苗法”，其影响范围主要在广大农村地区，存粮于乡社，由民间管理，接受地方官吏的监督与协助。

中国古人很早就意识到了仓储平抑物价、调节供需的重要作用，但是在中国封建社会重农抑商大环境的影响下，仓储更重要的是承担赈灾备荒和供养军队的功能。

3. 古代物流组织。

古代物流组织主要有邮驿、民信局和镖局三种。

邮驿也称驿传，是中国古代官方设置的用于传递官府文书、接待过往官员、转运物资等的机构。邮驿系统中设置一定数量的人员车马，专供文书等传递之用，沿着驿道设有供食宿和更换车马的驿站，以最大限度地保障文书等的快速传递。人们习惯上将步行传递者称为“邮”，将乘车马传递者称为“驿”。实际上，古代邮驿不仅包括陆驿，也包括水驿。我国是世界上最早建立邮驿制度的国家之一。到西周时期，已经形成了比较完善的邮驿制度。秦统一六国后，邮驿形成了比较完整的体系。唐代时，邮驿网络已经遍布全国，甚至有若干国际性驿道。其后历代，邮驿制度继续发展，直到清中叶逐渐衰败而最终被新式邮政取代。

魏晋《驿使图》壁画砖

民信局是私商经营的民间通信组织，一般认为兴起于明朝永乐年间。各民信局有的单设一局，有的设分支机构于各地；不仅在国内办，有的还把业务范围延伸到海外华侨比较集中的地区。民信局间虽无隶属关系，但彼此协作，互转互寄，形成较松散的民间通信网，不仅收寄信函、包裹、邸报，还汇兑钱钞。通常车船一到，即接送、分拣和投递。民信局服务周到，手续简便，受到人们的欢迎。清代后期，民信局的发展达到鼎盛。据统计，同治年间，全国大小民信局达数千家。直到 20 世纪 30 年代，民信局才退出历史舞台。

镖局是古代民间的一种武力安保组织，其受人钱财，凭借武力，长途护送货物。镖局运送的货物通常不是普通物品，而是银钱、珠宝等贵重物品，其中不仅有私家财物，还包括地方上缴朝廷的税银。古代交通不便，长途旅行艰辛且不安全，贵重物品的安全和准时运达，需要在一定的武力安保下方能完成，镖局由此产生。大约到明末清初时，镖局已较为兴盛。清朝中叶，由于票号的产生，为票号押送银镖成为当时镖局的主要业务。到了清朝末期，随着票号的逐渐衰败，镖局的主要业务变为押送货物及保护人身安全。镖局的组织包括镖局主人、总镖头、从事保镖工作的镖头和镖师、大掌柜、管理杂务的伙计和杂役等。

4. 古代物流的标准化。

关于中国古代物流标准化的书面记载最早见于《礼记・中庸》中的“书同文，车同轨”，可见在先秦时人们已经意识到了标准化对于贸易活动和信息传递的重要作用。秦始皇统一六国之后，采用“书同文，车同轨”的政策，统一了货币、文字、度量衡、车轨距离，甚至规定了造车、造兵器、采矿、耕种的标准，从而使各地区进一步融合，对当时的经贸活动起到了极大的推动作用。

“书同文，车同轨”是古代封建社会巩固统治的举措，亦是物流标准化的雏形，它表明在古代人们已经意识到了标准化能够有效降低物流成本。

5. 古代物流的保密措施。

保密性是物流的一个重要要求，古人为此创造出多样的物流保密措施。在秦代，文书往往书写在竹简上，投递前须将文书捆扎妥当，且要在结绳处使用封泥，并盖上相关印玺，以防私拆。到了汉代，封装工具和手段更加丰富，且会根据物件的形状、大小选择合适的包装袋。在唐代，公文邮件的封装通常要用囊封，尤其是密奏，更是如此。封泥越多，表明邮件越重要。宋代邮件保密制度和技术更为完善，出现了“字检”“数递”“色递”“字递”“物递”等多种先进的保密手法。清代针对速递奏折等重要邮件专门设置了封装程序，使用“封桶”“报匣”“夹板”等封套，外人很难看到邮件实物。

第二节
中国古代的重要物流通道

一、丝绸之路

丝绸之路是指起始于古代中国，贯穿亚洲中部、西部及非洲和欧洲等地的古代商业贸易路线，因丝绸是其运送的主要大宗货物之一而得名。狭义的丝绸之路一般指陆上丝绸之路。

陆上丝绸之路是连接中国与中亚、西亚和欧洲诸地的陆上商业贸易通道，形成于公元前 2 世纪至公元 1 世纪间，直至 16 世纪仍保留使用，是一条东方与西方之间经济、政治、文化交流的主要通道。它起始于古都长安，经河西走廊到敦煌，在新疆按其路线分为南、中、北三道，最远到达今天的罗马。“丝绸之路”这一名称是在1877年由德国地理学家李希霍芬提出的，这条贸易通道其实早就存在。

西汉建元二年（前139），汉武帝为了联合大月氏共击匈奴，遣张骞出使西域。张骞带领使团越过葱岭，亲历大宛、康居、大月氏、大夏等地。元狩四年（前119），张骞又奉命出使乌孙，并派副使出使大宛、康居、大夏、安息等地。张骞两次出使西域，加强了中原和西域的联系，开辟了中国通往西方的贸易通道，形成了陆上丝绸之路的基本干道。

在总长度约7 000公里的丝绸之路上，丝绸成为东亚一强盛文明的象征。当时欧洲贵族以穿着用中国丝绸制作的衣物为荣耀，丝绸成为备受人们追捧的奢侈品，在罗马甚至一度价比黄金。除了丝绸之外，中国的瓷器、茶叶等特产，以及铁器、金器、银器、镜子等豪华制品也经由丝绸之路不断流入欧亚各地，而外来的稀有动植物、皮货、药材、香料、珠宝首饰等则运往中国。物产的流通丰富了人们的生活，也促进了文化的交流融合。例如，葡萄、核桃、胡萝卜、胡椒、胡豆、菠菜（又称为波斯菜）、黄瓜（汉时称胡瓜）、石榴等的输入，为中国人的日常饮食增添了更多的选择，西域特产的葡萄酒经过历史的发展也融入中国传统酒文化当中。

二、海上丝绸之路

海上丝绸之路是指古代中国与世界其他地区进行经济文化交流交往的海上通道。2000多年前，一条以中国徐闻港、合浦港等港口为起点的海上物流通道成就了世界性的贸易网络。它从中国东南沿海出发，经过中南半岛和南海诸国，穿过印度洋，进入红海，抵达东非和欧洲，成为中国与外国贸易往来和文化交流的海上大通道，并推动了沿线各国的共同发展。

唐代，我国东南沿海有一条叫作“广州通海夷道”的海上航路，这便是我国海上丝绸之路的最早叫法。最早提出“海上丝绸之路”名称的是法国汉学家沙畹。海上丝绸之路的发展过程，大致可分为五个历史阶段：形成期——秦汉；发展期——魏晋；繁盛期——隋唐；鼎盛期——宋元，这一时期，中国同世界 60 多个国家有着直接的“海上丝路”商贸往来；衰落期——明清，从明太祖发布禁海令开始，海上丝绸之路逐渐衰落。

中国境内海上丝绸之路主要由广州、泉州、宁波三个大港和其他支线港组成。汉代，广州已成为海上丝绸之路的主港。唐宋之际，广州成为中国第一大港。明初、清初海禁，广州长时间处于“一口通商”局面，是世界海上交通史上唯一的 2 000 多年长盛不衰的大港。宋末至元代时，泉州成为中国第一大港，并被马可·波罗称为与埃及的亚历山大港齐名的“世界第一大港”，后因明清海禁而衰落。泉州是唯一被联合国教科文组织承认的海上丝绸之路起点。在东汉初年，宁波地区已与日本有交往。到了唐朝，宁波成为中国的大港之一。两宋时，靠北的外贸港先后为辽、金所占，受战事影响，外贸大量转移到宁波。

海上丝绸之路自秦汉时期开通以来，一直是沟通东西方经济文化的重要桥梁。2013 年，中国提出在古代海上丝绸之路的基础上，构建串联东盟、南亚、西亚、北非、欧洲等各大经济板块的战略合作经济带，称为“21 世纪海上丝绸之路”。

三、茶马古道

茶马古道是指存在于中国西南地区，以茶叶和马匹为主要交易内容，以马帮为主要运载方式的商贸通道。

茶马古道源于古代西南边疆的茶马互市。藏民因其高热量的饮食习惯形成了饮茶的习俗，而藏区不产茶；内地的民间役使和军队征战需要大量马匹，而藏区和川、滇边区则盛产良马。于是，具有互补性的茶和马的交易即“茶马互市”便应运而生，一条条物流线路被开辟出来。藏区和川、滇边地出产的骡马、毛皮、药材等和川、滇及内地出产的茶叶、布匹、盐和日用器皿等，在高山深谷间南来北往，流动不息。茶马古道兴于唐宋，盛于明清，20 世纪 40 年代最为兴盛。

茶马古道包括川藏线、滇藏线、青藏线等主线以及众多支线、附线，地跨今陕、甘、贵、川、滇、青、藏等省区，并外延至南亚、西亚、中亚和东南亚各国，连接无数村寨和城镇，形成庞大复杂的交通网络。

茶马古道不仅是古代西南地区商品贸易的重要物流通道，也是民族经济文化交流的走廊，在推动民族和睦、维护边疆安全方面发挥了重要作用。

四、石牛道

石牛道又称“金牛道”“蜀栈”，自今陕西勉县西南行，越七盘岭入四川境，经朝天驿趋剑门关，是联系汉中和巴蜀的交通要道。

石牛道的开辟时间或远在春秋战国时期。相传，秦惠文王时，秦国欲吞并蜀国，苦于关山险阻，道路不通。秦国设法用计，打造了五只石牛，诈言石牛能粪金。秦王写信给蜀王表示愿意馈赠石牛，蜀王命五丁力士开道迎接石牛。秦国见蜀道开通，便沿此道攻入而灭蜀。这条通道由此得名。

在传说之外，研究者认为，实际情况更可能是，石牛道早已存在，秦惠文王时蜀国对其进行了拓宽与修整。

秦汉之后，历代王朝对石牛道进行了多次整修，使之通行更为便捷，成为成都通向长安、洛阳、开封、北京的重要官道。在这条连接巴蜀与中原的交通要道上，商旅兵家、文人骚客络绎不绝，极大地促进了地区间的经济文化交流。现代连接川陕的公路、铁路也大多沿石牛道等古蜀道而建。

五、大运河

大运河是中国古代一项重要的水利工程，也是水上交通运输的一条重要通道。

春秋末期，位于太湖流域的吴国在北上争霸的过程中，开凿了连通江、淮的河道以运输军队辎重，这是大运河中最早修建的一段河道，后世称为“邗沟”。隋朝时，经过数次兴建工程，建成以洛阳为中心，南至余杭，北至涿郡，全长约为 2 700 千米的大运河。元朝为了缩短航程，避免绕道洛阳，对大运河进行了改造，裁弯取直，并修凿济州河、会通河、通惠河，使运河航道南北贯通，由杭州直抵北京，也就形成了我们现在所见到的京杭大运河。

古代陆上运输只能依靠人力和畜力，速度慢，运量小，成本高，对于大宗货物的运输以及军事物资的补给，水路运输都是更为理想的选择。大运河是古代南北水路运输的大动脉，提高了南北之间钱粮的运输和分配效率，也使得商品的流通更加便利，促进了商业的发展和兴盛。

单元学习活动

◎调查研究中国古代物流对现代物流的影响。

◎选择你感兴趣的一条中国古代物流的重要通道，了解其线路及开通的相关历史。

第五单元

金戈铁马卫中华

——中国古代兵器

第一节
中国古代兵器概况

古语有云："国虽大，好战必亡；天下虽安，忘战必危。"战争在人类文明史的发展过程中扮演着重要的角色，而战争所使用的兵器往往反映了一个时代最先进的科技和工艺水平，是各个文明中物质文化的重要组成部分。中华文明历史悠久，中国古代兵器文化亦源远流长，折射出数千年的文明发展史和社会生活史。

一般认为，兵器起源于古代劳动人民打猎、捕鱼等所用的工具，随着生产力的发展，在不同群体之间发生的纷争中，一些有锋刃的工具被用于战斗，就成为了最初的兵器。

谈及兵器，有一对概念首先需要明确——冷兵器和热兵器。冷兵器指不带有火炸药或其他燃烧爆炸物质，主要依靠人力、畜力、机械力的作用进行作战的兵器。热兵器与冷兵器相对，指利用推进燃料快速燃烧后产生的高压气体推进发射物的射击武器。从兵器诞生到火药被发明出来并用于战争这段时期，称为冷兵器时代。

中国古代兵器的发展过程可分为两个大的阶段，即冷兵器阶段和热兵器与冷兵器并用阶段。

一、冷兵器阶段

中国古代兵器发展史的冷兵器阶段经历了三个时期，即石兵器时期、青铜兵器时期、钢铁兵器时期。

1. 石兵器时期。

石兵器时期从原始社会人们将石斧、石刀等石制工具用于战斗开始，到夏朝青铜兵器问世，历经数十万年之久。从出土的实物判断，最初的石兵器是原始人类采集石英石、砂岩、煌石等原料，经过敲打、磨制而成的，有扁、圆、方、条等各种形状，有呈刀状的，有呈钩状的。到旧石器时代末期，人们已经制造出可安装竹木棒的石矛、标枪、石斧等兵器，进而发明了抛射兵器——弓箭。新石器时代，石兵器制造技术有了很大进步，种类更加丰富，磨制也更为精良，有石刀、石镰、石戈、石矛、石镞、石匕首等。

新石器时代的石镞

石兵器时期，除了石之外，骨、角、木、竹等也是常用的兵器制作材料。这一时期的兵器虽然制作粗糙，形制简单，但已形成了冷兵器的基本类型，为金属兵器的创制奠定了基础。

2. 青铜兵器时期。

原始社会晚期，人们发明了冶铜技术。夏代，中国进入青铜时代，青铜器在人们的生产、生活中占据重要地位。青铜是红铜和锡的合金，较红铜的熔点低、硬度高，便于铸造。“国之大事，在祀与戎”，青铜作为当时最为先进和优越的材料，被大量用于制造礼器和兵器，兵器的发展进入青铜兵器时期。

从夏代到早商，是青铜兵器发展史上的发生期，青铜兵器的数量还不多，主要有戚、钺、镞等种类。商代中期开始，青铜冶铸业有了巨大发展，同时由于对内对外战争的扩大，对兵器的需求日益上升，青铜兵器的产量大大增加，且器类日益齐全，其中尤以适宜步兵和车兵使用的戈、矛、钺、刀、弓矢等最为盛行。这一时期是青铜兵器的发展期，种类上的发展、形制上的改进以及战斗性能的提高，使得青铜兵器的用途更趋向专门化。

西周至春秋时期，青铜兵器的发展进入成熟期。这一时期基本上淘汰了原始石制兵器，青铜兵器的数量更加庞大，形制更加规整，合金成分比例要求更加严格，比前代兵器更加轻便灵巧，作战效能提高，并且出现了一些新

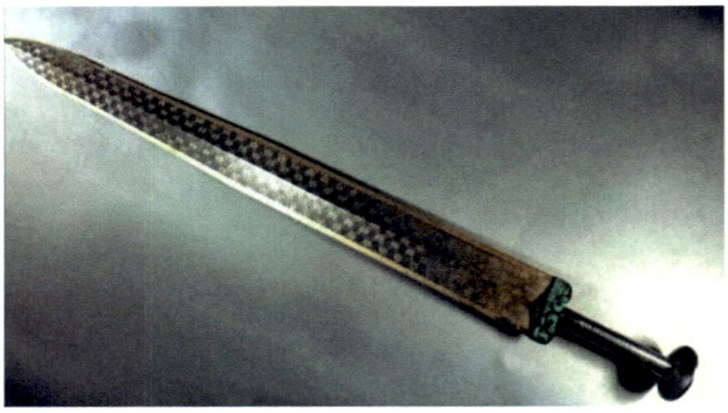

春秋越王勾践剑

的兵器门类，如通体合铸戟、青铜剑、青铜弩机等。战国时期，是青铜兵器发展达到完善并开始走向衰落的时期，西周至春秋时期出现的戟、剑、弩机等新门类继续发展定型，其他种类的兵器亦臻于完善，尤其在金属表面防锈处理技术方面取得了很大进步。但是，在达到完善的同时，青铜兵器也开始走向衰落。钢铁冶铸工艺到战国时有了长足的进步，战国中晚期钢铁兵器开始较多地用于战争，并逐渐取代青铜兵器。

青铜兵器时期，人们不断总结兵器制造的技术经验。成书于战国时期的《周礼·考工记》，比较完整地记述了制造兵器的工艺和规范，如对材料选择、加工工艺、检验手段等都有涉及。尤其是书中记述了青铜合金成分配比的“六齐”规律：“金有六齐：六分其金而锡居一，谓之钟鼎之齐；五分其金而锡居一，谓之斧斤之齐；四分其金而锡居一，谓之戈戟之齐；三分其金而锡居一，谓之大刃之齐；五分其金而锡居二，谓之削杀矢之齐；金锡半，谓之鉴燧之齐。”这里，“金有六齐”中的“金”指青铜；“齐”同“剂”，是调剂、剂量的意思。“六齐”规律规定了冶铸各种青铜器物的不同合金成分配比，其中有一半是关于各类兵器的，对于不同性能特点的兵器，有针对性的配比要求。当时的人们用这种配方指导实际生产，从而保持兵器质量和生产的稳定性。

3. 钢铁兵器时期。

早在商代，我们的祖先就已经懂得利用太空陨铁来制作器具。到西周时，已经有了人工冶铁技术。至迟在春秋战国之交，已经出现了铁剑等铁制兵器。钢铁兵器韧性强，不易折断，劈砍性能强，具有比青铜兵器更为优越的作战效能。从战国中晚期开始，钢铁兵器较多地用于战争，开启了中国古代兵器发展史上的钢铁兵器时期。直到唐末火器出现为止，钢铁兵器在漫长的历史时期里占据着中国古代兵器的主导地位。

从战国中晚期至汉代，块炼铁渗碳成钢、淬火、退火、铸铁脱碳、百炼钢、炒钢等钢铁冶炼技术的发明和进步，使得钢铁兵器的性能不断提升，到西汉末年，钢铁兵器基本取代了青铜兵器。这一时期兵器的种类和形制，以适合步兵、骑兵需要为特征。如弩的品种包括步、骑两大类，形制和性能有明显改进；矛的种类增加，出现了长铩、长矟等种类。

汉代环首铁刀

魏晋南北朝时期，钢铁兵器继续发展。在原有钢铁工艺继续改进的基础上，还出现了一种灌钢法，其特点是成本较低、工艺简便，且得到的钢材质地均匀，质量较高。炼钢技术的重大发展使得钢铁兵器的产量和性能都有了巨大的飞跃。这一时期，随着重装骑兵出现并成为军队的主力，专供骑兵使用的兵器和人马护具成为发展的重点。

隋唐时期，钢铁兵器迅速发展并达到成熟完善。唐朝中央政府专门设立了军器监，负责掌管兵器制造。在全国统一的条件下，兵器的形制趋于统一和定型。据《唐六典》记载，唐代已有制造兵器的统一标准。这一时期，单兵装备的兵器种类多样，弓箭和横刀是士兵的必备兵器，此外还配备有甲胄等其他兵器。

宋代开始，兵器的发展进入热兵器与冷兵器并用阶段，钢铁兵器仍继续发展。随着钢铁工艺的进步以及军事作战的需求变化，钢铁兵器不断朝着质量更精良、使用更方便、作战效能更高的方向发展。

二、热兵器与冷兵器并用阶段

中国古人在长期的炼丹制药实践中发明了火药，大约在唐代末年，火药被应用于军事，古代兵器的发展进入热兵器与冷兵器并用阶段。这一阶段，冷兵器虽仍在继续发展，但总体已经定型，少有大的革新，且由于冷兵器的杀伤和摧毁能力不及火器，其在兵器工业中的重要性也有所下降，而火器的不断发明和创新则更令人瞩目。

从唐末火药被应用于军事后，火器快速发展。北宋仁宗时期编成的《武经总要》一书中记载当时已有火箭、火药鞭箭、火球和霹雳火球等火器，并详细开具了三种火药方子。这一阶段的火器多利用火药的燃烧性能，主要用于纵火焚烧敌方的人马和器具粮草。

宋金元交替之际，战事频繁，各方均大量使用火器，促进了火器的发展。这一时期出现了原始管形火器的萌芽，南宋人创制的突火枪被公认为世界上最早自发运用射击原理的管形射击火器。管形射击火器的出现是火器发展史上的一个重大突破。爆炸性火器此时也有了较大发展，霹雳炮、铁火炮等被创制出来，其比燃烧性火器具有更强的摧毁能力，多用于炸毁敌方的设施。

元代铜火铳

元明两代是火器发展的一个重要阶段。元代时，人们在突火枪等的基础上研制了第一代金属管形射击火器——火铳。与前代管形射击火器相比，火铳能承受更大的膛压，装填更多的火药，杀伤威力更大，使用寿命也更长，因而创制出来后很快成为元军及元末农民起义军争相使用的兵器。这一时期，爆炸性火器在战争中大量使用，火炮等有了较大发展。明朝建立后，大力发展火器，各类火器的结构得到改进，制作更为精良。尤其是火铳，直到嘉靖时期一直都是明军的主要装备。明嘉靖年间，西方枪炮技术传入，给火器的发展带来了新的元素。欧洲发明的鸟铳被大量仿制和使用，其发射速度比火铳更快。与此同时，人们改造了明代前期的铳炮类火器，创制了快枪、多发铳、虎蹲炮等；革新爆炸性火器，发明了各种爆炸弹、地雷和水雷；火箭类火器和燃烧性火器也得到改进。明代末年，火器研制者开始了对西洋大炮的改进、研制和使用，使得传统火器发生转折性的技术变革。

清代前期，火器在明代的基础上有一定发展。康熙时期，火器无论是在制造规模、品种数量方面，还是在性能、制造工艺方面，都达到了高峰。清代的火器主要是各种火炮和鸟枪，尤其是致力于“红夷炮”的小型化和轻型化改进，由此产生名目众多的各类火炮。清代中后期，政治日益腐败，社会生产力停滞不前，再加上闭关锁国政策的影响，火器日渐衰落，直到晚清才开始重新引进西方先进的火器制造技术。

第二节
丰富多样的中国古代兵器

一、古代兵器的种类

中国古代兵器种类繁多，旧时有“十八般武艺”的说法，实际上中国古代的兵器远不止十八种。这些兵器可分为冷兵器和热兵器（火器）两大类。

1. 冷兵器。

中国古代的冷兵器主要包括以下几个类别。

短兵器：较短的手持格斗兵器，一般不及身长，单手握持，近战杀伤力较强。有刀、剑、鞭、锏、锤、钩等。

长兵器：相对于短兵器而言的长柄兵器，柄长无严格标准，一般接近或超过成人身高，其攻击部位集中在柄的一端，可刺可劈，具有率先触敌的优点，但灵活性一般不及短兵器。有矛、枪、戈、戟、长刀、斧钺、棍棒、镋等。

远射兵器：通过机械装置发射箭矢等杀伤较远处敌人的兵器。有弓、箭、弩等。

防护装具：持于身前或披挂在身上用以保护身体的防护性兵器。有甲、胄、盾等。古代战争中，士兵和马匹都有相应的防护装具。

此外，还有暗器、奇门兵器等特种兵器以及古代战争中攻守城池用的攻防器械。

2. 热兵器（火器）。

中国古代的火器大致可分为燃烧性火器、爆炸性火器和管形火器三类。

燃烧性火器：主要性能为燃烧，兼有烟幕、毒气、杀伤等作用的火器。有火球、火箭、喷筒、火攻车、火兽等。

爆炸性火器：利用火药爆炸进行杀伤的火器。有铁火炮、炸弹、地雷、水雷等。

管形火器：从管状物中以高速发射出弹丸从而伤敌的火器。有火枪、火铳、火炮等。

二、常见古代兵器略览

中国古代兵器种类繁多，下面我们就来认识几种常见的古代兵器。

1. 刀。

刀是古代一种用于劈砍的单面侧刃的短兵器。刀的起源可追溯至新石器时代的石刀和骨刀。商代铜刀渐多，早期的铜刀脱胎于石刀，一般刀身较小，有直柄刀、兽首刀、长刀等。西汉时期，由于钢铁工业的兴盛，刀也有了长足的发展，出现了环首刀。环首刀一般为钢铁制造，直背直刃，刀背较厚，刀形细长，刀柄末端呈圆环形，适合骑兵马上劈砍，实用性强。自汉代至南北朝，环首刀一直是军队的标准装备，同时，佩戴精工装饰的环首刀也成为文武官员和名士尊崇的一种风尚。隋唐时期，军刀制式有仪刀、障刀、横刀、陌刀四种，唐刀刀首没有环，刀身加宽，并延长刀柄，更方便持握。宋代出现一种手刀，刀身及刃部较宽，刀头上翘，刀柄有护手。元代的刀受欧亚大陆部落弯刀的影响，刀身呈弧形，马上挥刀作战的灵活性和速度得到提升。明代军队使用最多的是腰刀，刀体狭长，刀身弯曲，刃部较长。明朝著名将领戚继光非常重视腰刀的制作，其军事著作《练兵实纪》中对腰刀制作方法有着详细的研究与记载。清代军刀制式有顺刀、窝刀、朴刀、斩马刀等。除了上述历代具有代表性的刀具，中国古代军方和民间所使用的刀尚有繁多的种类。总而言之，刀是中国古代使用时间最长、最普遍的兵器之一。

2. 枪。

枪是古代一种长柄的刺击兵器，由矛演变而来。枪由枪头、枪杆、枪缨三部分组成。枪头为单个菱形，脊高、刃薄、头尖，为铜制或铁制。枪杆为木制，直而不曲。枪缨为枪头下的穗状装饰物，制作材料多样，有犀牛尾、牦牛尾、马尾、纱、丝等，多为红色。因为长矛使用不便，晋代开始逐渐流行用枪。宋代以后，矛在战场上的地位基本上被枪所代替。宋代《武经总要》中列举了十几种长杆铁枪，有鸦项枪、素木枪、环子枪、单钩枪、双钩枪等。南宋抗金名将岳飞极善使枪，岳家枪法名震天下。直到明清时期，枪仍是近战的主要兵器之一。

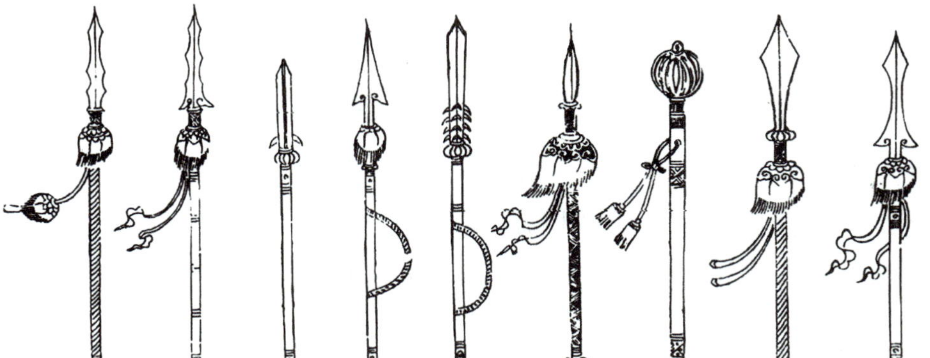

《武经总要》中的长枪图

3. 剑。

剑是古代一种随身佩带的短兵器，一般为直身、尖锋、双刃，由首、柄、格、身构成，多数配剑鞘。相传剑创始自黄帝时代，《史记·黄帝本纪》云：“帝采首山之铜铸剑，以天文古字铭之。”早期的剑较短小，主要用来防身。春秋战国时期，剑成为步战主要兵器，不断加长，贵族和士人也以佩剑为尚，剑的制作和使用达到巅峰。战国末期至汉代，青铜剑渐被铁剑替代，并趋于定型。汉代之后，随着环首刀成为军队主流装备，剑逐渐退出战争舞台，而更多作为装饰以彰显身份，或作为技艺表演的道具。

4. 戟。

东汉持戟武士俑

戟是古代一种可钩、可啄、可刺的长兵器。它实际上是将戈和矛结合在一起，由安镈的竹木质戟柄和金属戟头组成，具有直刃和横刃两个锋、四面刃。直刃可以刺杀，横刃可以钩啄。戟在商代即已出现，西周时开始较多地用于作战。到了春秋时期，戟已成为常用兵器之一。战国末年，冶铁技术的发展催生了钢铁铸造的戟，当时生产的钢铁质地较坚韧，铸成的戟刺尖锐修长，戟的形体也有所改进。汉代步兵和骑兵皆装备铁戟作为格斗兵器。戟的种类增多，有长戟、手戟、双戟等。手戟柄短体轻，可刺可掷，是性能优良的防身自卫兵器。长戟、双戟则柄长体重，杀伤威力大。晋代以后重视矛枪，戟逐渐被淘汰出战争舞台，而主要作为仪仗器物。

5. 弓箭。

弓箭是古代一种远射兵器。弓由有弹性的弓臂和有韧性的弓弦构成，箭包括箭头、箭杆和箭羽。使用时，拉弦张弓积聚力量，然后瞬间释放，便可将扣在弓弦上的箭射向远处的目标。关于弓箭的发明者，古书的记载中有后羿、挥、倕、逢蒙等多种说法，但都不可靠。弓箭的起源时间远比这些人所处的时代要早，据研究，在两三万年前的旧石器时代，人们就已发明出弓箭。古人“弦木为弧，剡木为矢”，做成最初的弓箭。之后又在木箭头上安装锋利的石镞、骨镞（箭头），在箭杆的尾端装上鸟羽。这样，弓箭的稳定性更强了，杀伤力更大了。在旧石器时代晚期的狩猎战斗中，弓箭一出现，就显示出了石斧、木棒无法比拟的优越性——可以击中远处的目标。恩格斯对弓箭的发明极为称赞，他认为："弓箭对于蒙昧时代，正如铁剑对于野蛮时代和火箭对于文明时代一样，乃是决定性的武器。"

到了东周时期，弓箭的制作水平有了较大提高，能使用多种材料制造复合弓，弓的形制构造也基本定型，箭的种类和式样也增多。此时弓箭成为战争中的重要兵器，射箭也成为当时贵族必须学习的技能。

汉代时，实战所用的弓箭种类增多，有用于步战、水战、骑战的各种弓箭；由于钢铁冶炼技术的进步，铁箭被大量使用，直到南北朝时期基本取代青铜箭。在唐末火器发明出来之后，弓箭因其具有轻便、命中率高的优点，仍然被广泛用于战争。直到 19 世纪中叶，由于枪炮效能的提升，弓箭才退出战争舞台，而在习武健身及竞技体育项目中被继续使用。

6. 盾。

盾，也叫"干"，是古代作战时用来抵御刀箭等的一种防护装具。使用时通常一手挥舞刀剑砍杀敌人，一手持盾护卫自身。盾的形状有长方形、梯形、圆形、燕尾形等，材质有木、竹、藤、革、铜、铁等。我国用盾的历史，或可上溯到五帝治世的时代。根据文献记载，盾和其他兵器一样，在漫长的历史发展过程中经历了战火的锤炼，适应着战场的变化而演化出不同的样子。比如，商周时期的盾表面镶有青铜盾饰，以加强盾的防护效能。战国时期盛行双弧形方盾，用于近距离作战。秦汉时骑兵多持椭圆形铁盾作战。宋代出现一种绑在骑兵手臂上用以防箭的圆形旁牌。明清时期，随着火器的盛行，藤盾被大量应用于战场，其以坚藤制成，呈反荷叶形，坚固又有伸缩性，能有效抵御弹丸的攻击。

汉代刀盾武士俑

7. 火铳。

火铳又称“火筒”，是古代一种管形射击火器，功能为用火药发射弹丸。火铳是在南宋长期使用的各种火枪的基础上，随着火药性能的提高而产生的。火铳最初以铜铸造，后来多以生铁铸造。通常可分为单兵用的手铳，城防和水战用的大碗口铳、盏口铳，骑兵和戍边部队用的三眼铳等。火铳的出现开创了金属管形火器中装填弹丸的先例，使热兵器的发展进入一个新的阶段。

单元学习活动

◎探究一两种你感兴趣的中国古代兵器，记录其形态、历史、用途或文化内涵。

◎收集含有兵器名称的成语，探寻其出处和含义。

第六单元

食物的艺术

——中国传统面点

第一节
中国传统面点概况

面点从广义上讲，泛指用各种粮食（米类、麦类、杂粮类等）、果蔬、水产等为原料，配以多种馅料制作而成的各种方便食品。从狭义上讲，面点特指利用粉料（主要是面粉和米粉）调制而成的面食小吃和正餐筵席的各式点心。

中国传统面点具有悠久的历史，各个时期、地域和民族，由于地理环境、风俗习惯、原料物产等的不同，产生了丰富多彩的面点。这些色、香、味、形俱佳的面点，不仅作为食品给人们以物质上的满足，而且还作为艺术品给人们以精神上的享受。

一、先秦时期的面点

根据考古发现，在约 6 000 年前的原始社会末期，我们的祖先就学会了种植谷麦。原始的粮食加工用具杵臼和石磨盘等的出现使谷物能够脱壳，甚至破粒取粉，为面点制作奠定了基础。不过，直到商代时，主食品种仍较单调，目前尚未发现有关当时精细面食的文字资料。到了西周时期，由于农业生产的发展及烹饪工具的进步，再加上祭祀和筵宴的需要，早期面点开始在宫廷中诞生。史料中可见的西周至战国时期的面点约有 20 种。此时的面点用料主要是稻米和黍米，加工方式有整粒煮、破碎蒸、糊状烙等，造型多为圆形，属性大致介于糕与饼之间，馅料有肉、蜜、酒、花卉等；还有的是将饭、粥、羹等主食加以精制。这些面点的品种有面、糜、饵、酏食、糁食、淳熬、芳糗等。

二、秦汉魏晋南北朝时期的面点

秦汉魏晋南北朝时期，传统面点进入一个飞速发展的阶段。石磨不断改进并在民间广泛使用，为面粉的大量生产提供了方便。当时已能用重罗筛出极细的麦面粉，为面点制作提供了优质原料。发酵等面点制作技艺的发明和改进，胡饼工艺的引进，蒸笼、胡饼炉、铁釜、铛等工具的运用，以及刀具制造的进步带来的刀工刀法改进，都为面点工艺的发展创造了条件。这一时期面点品种迅速增加，制作工艺更加成熟和多样，面点在民间也更加普及了。

秦汉魏晋南北朝时期面点的发展主要体现在以下几个方面。

第一，原料范围进一步扩大。米麦皆用，还有各种杂粮粉。辅料和调料品种更加丰富，并开始使用大豆油、菜籽油、芝麻油等植物油。

第二，广泛使用发酵工艺和模具成型等制作技术。大约在东汉时期，出现了发酵面食。东汉刘熙《释名》中有："蒸饼也，饼并也，溲面使合并也。""溲面"即发酵面，说明当时已能利用发酵技术调制面坯。北魏贾思勰《齐民要术》中记载了酸浆酵和在粥中加酒两种发酵法。这一阶段面点成型工具有了较大发展，人们使用木模、牛角漏勺等来制作各种花色点心，使得面点的外观得到提升。

第三，面点品种大量增加。各种文献中记载的面点种类繁多。东汉崔寔《四民月令》中记载的农家面食有蒸饼、煮饼、水溲饼、酒溲饼等。刘熙《释名》中记载："胡饼作之大漫沍也，亦言以胡麻着上也。蒸饼、汤饼、蝎饼、髓饼、金饼、索饼之属，皆随形而名之也。"汉代，"饼"成为各种面制品的通称。据考证，其中蒸饼类似馒头，胡饼为炉烤的芝麻烧饼，水溲饼为一种水调面粉制成的呆面饼，酒溲饼为一种用酒酵和面制成的发面饼，汤饼为水煮的揪面片，索饼类似面条，髓饼为加动物骨髓、油脂和面制作的炉饼。另据记载，馄饨、春饼、煎饼在这一时期也已出现。西晋束皙《饼赋》中提到了安乾、粔敉、豚耳、狗舌、剑带、案盛、餢飳、髓烛、馒头、薄壮、起溲、汤饼等10余种面点，并从原料、季节、制作、食用等方面进行介绍。北魏贾思勰《齐民要术》中罗列了白饼、烧饼、髓饼、粲、膏环、细环饼、水引、馎饦、肠皮饼、切面粥、粉饼等 20 多个面点品种。

三、隋唐宋元时期的面点

隋唐宋元时期，随着经济的发展、南北文化的融合以及外来文化的影响，传统面点在前代基础上继续繁荣发展。

这一阶段面点制作技术得到了极大提高。在面团方面，有酵汁发酵、酒酵发酵、酵面发酵、兑碱酵子发酵等发酵面团，冷水和面、沸水烫两种水调面团，以及油酥面团和绿豆粉皮、鸡蛋面团等。在馅心方面，有肉馅、菜馅、杂馅以及豆沙馅、水晶馅、蜜脯馅、果仁馅等。人们广泛运用擀、漏、压、剪、雕等成型方法和蒸、煮、煎、炸、烙、炒、烩等熟制方法，制作出各种面点。

唐墓出土的花式面点

这一时期面点的花色品种空前丰富。旧有品种继续发展衍生出新的细类和花色，比如花形馅料各异的二十四气馄饨，胡麻饼、古楼子、五福饼、石鏊饼、同阿饼、莲花饼餤等饼类，鸭花汤饼、槐叶冷淘等汤饼类，以及粟糕、软枣糕、水晶龙凤糕等糕类。同时，新的面点品种大量涌现，如包子、面鎚、月饼、卷煎饼、烧卖、毕罗、元宵、油炸果子、麻团等。随着民族文化的交流融合以及对外交流的扩大，软脂、秃秃麻失、天花包子等少数民族面点在中原地区流传，东南亚和西域的面点传入中国，而中国的面点也东传日本、西传意大利等国。隋唐宋元时期的面点类别已经几乎涵括了今天面点的大部分品种，尤其是酥性面点的出现，对后来的酥点发展意义重大。

面点市场在这一阶段亦空前繁荣。唐代长安已有不少规模较大的面点作坊和面食店，并出现了一批面点名师。北宋汴京、南宋临安、元大都等地的面点业都十分繁荣，专业面点店铺众多。北宋孟元老《东京梦华录》中载有专卖包子、馒头、肉饼、胡饼等的名铺大店不下10家。其中得胜桥郑家饼店有二十余炉，而武成王庙前海州张家、皇建院前郑家饼店最盛，每家有五十余炉。其市肆之繁荣、面点受民众之喜爱不难想象。

早期的面点流派已经产生。据记载，宋代汴京、临安设有“北食店”“南食店”“川饭店”“素分茶”等店铺，这些店铺中有相应的面点售卖，从而形成了南方风味、北方风味、四川风味、全素风味等面点流派。

四、明清时期的面点

明清时期是传统面点的成熟阶段，面点的制作工艺、品种、风味流派等全面发展。

这一阶段面点制作技术逐渐成熟。面点原料制作更加精细，质地优异的飞面和澄粉出现并广泛使用。发酵法、油酥面皮制法更趋完善，制作的馒头暄软蓬松，酥皮香松柔腻。面点成型方法多样，擀、切、包、裹、卷、叠、压、擦、捏、削、拨、搓、夹、模压、刀削等技法各尽其妙。比如，明代出现缠在手指上的抻面，清代抻面已能拉出三棱形、中空以及细如线的许多品种；杭州的蓑衣饼经多次擀、卷后烙熟而成，极为酥松。面点馅料发展到此时已极为丰富，用料广博，调味精细。面点熟制方法较前代也有所发展，蒸、煮、烙、烤、油煎、水煎、油炸、炒、煨等均有使用，有的品种数种方法并用，风味独特。

清代壁画中的饼面铺

面点的品种继续增加，中式面点的重要品种到此时大体都已出现。清代中期成书的烹饪艺术专著《调鼎集》中所载面点超过300种，足见当时面点发展之盛。这一时期出现了火烧、青糕、油条、锅盔等新品种。同时，旧有品种继续发展出新花样，比如包子出现了汤包、水煎包、米粉为皮的包子等，面条出现了抻面、刀削面、五香面、八珍面等，粽子有水果、豆沙、火腿等多种馅料。各地涌现出许多名品，比如北京的豌豆黄、驴打滚、萨其马、芙蓉糕、龙须面、小窝头，山西的刀削面、抻面，山东的煎饼、饺子、油旋，苏州的糕团，扬州的包子、浇头面，广州的粉点等，都已声名远扬。经过漫长的历史发展过程，到清代时，传统面点的风味流派已基本形成，确立了中式面点的基本格局。

另外，随着中外饮食交流，西方点心制作技术大量传入，对传统面点的制作产生了较大影响，特别是沿海地区，面点呈现出中西合璧的特点。比如广式面点就以中西结合、博采众长为特色，颇受人们青睐。

第二节
千滋百味的中国传统面点

一、传统面点的风味流派

我国传统面点风味众多，各地各民族的传统面点都有其独特之处。从全国看，面点制品可分为南、北两大风味，在选料、口味、制作工艺上大体又形成了京式、苏式、广式、川式、晋式等地方风味流派。下面我们通过了解京式、苏式、广式三大风味流派，来感受传统面点多样的地域风格特色。

1. 京式面点。

京式面点

京式面点，泛指我国黄河以北的大部分地区（包括华北、东北等）所制作的面点，以北京为代表，故称京式面点。

京式面点主要以面粉为原料，特别擅长制作面食，小食和点心也很丰富多彩，口味以鲜咸为特色。代表品种有抻面、一品烧饼、清油饼、都一处烧麦、天津狗不理包子、清宫仿膳肉末烧饼、千层糕、艾窝窝、豌豆黄等。

（1）京式面点的形成。

京式面点的形成与北京悠久的历史和古老的京都文化密不可分。早在战国时期，北京一带就是燕国的都城，后来又曾是辽的陪都和金的中都，元、明、清三代又为帝京，是我国多个朝代政治、经济、文化的中心。这里官宦商贾聚集，文人荟萃，商业繁荣，南北方和各民族的饮食文化在此汇集、融合，同时宫廷饮食和官场、商场的交际需要也极大地刺激了烹饪技艺的提高和发展，面点也不例外。比如抻面，据史家研究，原是胶东福山人民喜食的一种面食，明代由山东进贡入宫，受到皇帝的赞赏，赐名“龙须面”，从此成为京式面点的名品。再如，为了满足宫廷皇室的需要，出现了以面点为主的筵席。传说清嘉庆年间光禄寺（主管宫廷内外宴会事宜的机构）做了一桌面点筵席，仅面粉用量就达 60 多千克，可见面点品种之多。此外，宫廷面点的外传，也直接促进了京式面点的发展。

总结起来，京式面点最早起源于华北、山东、东北等地区的农村和满族、蒙古族、回族等少数民族地区，在其发展过程中，吸收了各民族、各地区的面点精华，又受到宫廷面点的影响，从而形成了具有浓厚北方风味特色的面点风味流派。

（2）京式面点的主要特点。

第一，用料广泛。京式面点用料极为广泛，主料有麦、米、豆、黍、粟、蛋、奶、果、蔬、薯等类，加上配料、调料，用料可达上百种之多。由于北方盛产小麦及饮食习惯的因素，其总体用料以麦面居于首位。

第二，品种众多。京式面点品种很多，有面条、馄饨、饺子、饽饽、饼、糕、馒头、包子、烧麦等。每一类面点又可分出若干品种，比如面条有抻面、削面、小刀面、拨鱼面等，糕类有扒糕、炸糕、凉糕、蜂糕等，烧饼有一品烧饼、麻酱烧饼、油酥烧饼、马蹄烧饼、澄沙烧饼等。此外还有品种繁杂的各色小吃。清乾隆年间杨米人的《都门竹枝词》中写道："三大钱儿卖好花，切糕鬼腿（油条等油炸食品）闹喳喳。清晨一碗甜浆粥，才吃茶汤又面茶。凉果渣糕聒耳多，吊炉烧饼艾窝窝。叉子火烧刚买得，又听硬面叫饽饽。烧卖馄饨列满盘，新添挂粉好汤团……果馅饽饽要澄沙……三鲜大面要汤宽。"充分反映了京式面点品种之丰富。

第三，制作精细。京式面点制作精细，主要表现在用料讲究，善制面食，浇头、馅心精美，成型、成熟方法多样化。京式面点的熟制方法有蒸、炸、煮、烙、烤、煎、炒、烩、爆、煨、熬、炖、旋、冲等，擀、抻、包、裹、卷、切、捏、叠、盘等制作技术炉火纯青。比如京式面点中被称为"四大面食"的抻面、削面、小刀面、拨鱼面，显示出精湛的面食制作工艺，口感筋道、爽滑；再如银丝卷的制作，面团需经过连续 9 次抻条抻出 512 根为一窝丝的细面丝，且粗细均匀，不断不乱，互不粘连；又如千层糕，一小块约 7 厘米厚的糕，竟会有 81 层之多。

第四，馅心具有北方独特风味。京式面点的馅心口味甜咸分明，味较浓重，尤重鲜咸。甜馅主要是杂粮制蓉泥，喜用蜜饯制馅或点缀；咸馅多用肉和蔬菜，善用葱、姜、酱为调辅料，口味鲜咸。

2. 苏式面点。

苏式面点泛指长江中下游江、浙一带所制作的面点，它起源于扬州、苏州，以江苏为代表，故称苏式面点。

苏式面点兼用米面、杂粮作主料，擅长制作糕团、豆品、茶点和船点，重调味，味厚、色艳、略带甜头，形成独特的风味。馅心重视掺冻（即在馅料中加入以多种动物性原料熬制汤汁再冷冻而成的皮冻），汁多肥嫩，味道鲜美，造型讲究，精巧玲珑。代表品种有扬州的三丁包子、翡翠烧卖，苏州的糕团、船点，淮安的文楼汤包，嘉兴的粽子等。

苏式面点

（1）苏式面点的形成。

长江中下游平原地势平坦，水源充沛，气候温暖湿润，物产丰富，自古就被誉为“鱼米之乡”。扬州、苏州都是具有悠久历史的文化名城，也是人烟阜盛的富庶繁华之地。比如，“春风十里扬州路”，“十里长街市井连”，“夜市千灯照碧云”，“腰缠十万贯，骑鹤下扬州”，均是扬州繁华的写照。再如，清代乾隆年间徐扬所画的《姑苏繁华图》充分展现了当时苏州“商贾辐辏，百货骈阗”的市井风情。悠久的历史文化，发达的经济，富饶的物产，为苏式面点的发展提供了有利的条件。

据史料记载，苏式面点萌芽于春秋战国时期。唐代时，苏式面点已经颇负盛名，白居易、皮日休等诗人在作品中屡屡提及苏州的粽子、粔籹等点心。宋代，苏式面点已经初步成为主要的面点帮式之一。宋人陶谷《清异录》中列举了“建康七妙”，有五妙是谈点心的，反映了当时南京面点制作水平之高。明清时期，苏式面点已极尽丰富，并以选料严格、做工精细而享誉大江南北。近代以来，苏式面点亦名厨辈出，不断创新和发展，在中式面点中占据重要地位。

（2）苏式面点的主要特点。

第一，风格多样，品种丰富。苏式面点就风味而言，有苏锡风味、淮扬风味、宁沪风味、浙江风味等，各地域风味均包含繁多的面点品种。以淮扬风味面点为例，其品种多达数百个，发酵面团、水调面团、米粉面团、油酥面团的制品应有尽有。由于物产丰富、原料充足，再加上高超的面点制作技艺，同一种面团可以制作出不同造型、不同色彩和不同口味的面点。

第二，技法细腻，制作精美。苏式面点制作精细，形态总体上可用“小巧玲珑”四个字概括。比如苏式面点中特有的品种——船点，相传发源于苏州、无锡水乡的游船画舫上，其坯皮可分为米粉皮和面粉皮，成型制作精巧，需经过捏、推、叠、折、剪等复杂的手法，制成飞禽、走兽、花卉、水果、蔬菜等造型，形态逼真，并以花果汁等天然色素点就绚丽的色彩。苏式面点的体量也以精细为美，如小烧卖、小春卷、小酥点等。各类面点均有其制作考究之处，如面条重视制汤、制浇头，馒头注重发酵，烧饼讲究用酥，包子重视馅心，糕点追求松软等，其中馅心掺冻“灌汤”是苏式面点制馅的重要特有技法。

第三，选料严格，季节性强。苏式面点选料严格，对材料的产地、品种都有特定的要求，比如玫瑰花要选用吴县的原瓣玫瑰，桂花要选用当地的金桂，松子要选用肥嫩洁白的大粒松子仁等，一些名特品种还选用有特殊滋补作用的辅料，以追求食疗养生的功效。苏式面点历来注重季节性，面点品种四季分明，应时迭出。历史上曾有关于苏式面点各类产品上市和落令的严格规定。例如，酒酿饼正月初五上市，三月二十日落令；薄荷糕三月半上市，六月底落令；等等。《吴中食谱》记载：“苏城点心，随时令不同。汤包与京醉为冬令食品，春日烫面饺，夏日为烧卖，秋日有蟹粉馒头。”浙江等地的面点中，春天有春卷、艾饺，夏天有西湖藕粥、冰糖莲子羹、八宝绿豆汤，秋天有蟹肉包子、桂花藕粉、重阳糕；冬天有酥羊面等。

第四，善用原料，色香自然。苏式面点充分利用食品原料本身的颜色、香味，将其拌入馅心、坯料，或洒在制品表层，着色生香，彰显风味。比如，猪油年糕、方糕等配用玫瑰借其天然红色，添加桂花点缀出黄色，选用红枣、赤豆使呈棕红色；再如，青团的青绿颜色和清新香味是来自于春天碧绿色的艾草嫩苗叶。

3. 广式面点。

广式面点泛指珠江流域及南部沿海地区所制作的面点，以广东为代表，故称广式面点。

广式面点富有南国风味，自成一格，近百年来，又吸取了部分西点制作技术，品种更为丰富多彩。其以讲究形态、花色著称，坯皮使用油、糖、蛋多，营养丰富，馅心多样、晶莹，制作工艺精细，味道清淡鲜滑，特别是善

广式面点

于利用荸荠、薯类及鱼虾等做坯料，制作出多种多样的美点。代表品种有叉烧包、虾饺、莲茸甘露酥、马蹄糕、娥姐粉果、炒河粉等。

（1）广式面点的形成。

广式面点起源于古时当地的民间食品。其地位于我国东南沿海，气候温和，雨量充沛，物产丰富，盛产大米，故当地的民间食品一般都是米制品。

岭南地处一隅，在古代交通不便的情况下，与中原联系较为困难，故最初的面点相对比较简单和粗糙。自秦汉时期起，随着交通要道的开辟，岭南地区的经济、文化与中原有了较多的相互沟通，饮食文化也因而有了较大发展。广州是珠江流域及南部沿海地区的政治、经济、文化中心，频繁的人员往来带来了北方各地的饮食文化，各式面点尤其是面食较多地传入，人们结合当地原料、口味和生活习惯对其加以改良，创制出新的面点品种。唐宋时期，广州已发展为世界著名的东方大港，经济贸易繁荣，饮食文化也相当发达。明清时期，西点制作技术开始大量传入我国，广州是当时最为重要的贸易港口城市，广式面点大量吸取了西点制作技术，品种得到极大丰富，特色也更加鲜明。在当地传统民间食品的基础上，经过长期的发展，吸取各地及西式面点之长，熔于一炉并加以创新，广式面点最终从全国面点中脱颖而出，成为最为重要的面点风味流派之一。

（2）广式面点的主要特点。

第一，坯皮、馅心多样，品种丰富。据有关资料统计，广式面点坯皮有4大类、23种，馅心有3大类、47种之多，能制作各式点心数千种，品种之丰富居全国面点之冠。这些面点按经营形式可分为日常点心、星期点心、节日点心、旅行点心、早晨点心、四季点心、席上点心、点心筵席等。米及米粉制品是其传统强项，品种除糕、粽外，还有煎堆、米花、沙壅、白饼、粉果等外地罕见品种。

第二，用料广泛，口味清淡。广式面点用料极其广泛，这得益于其地物产丰富，五谷丰登，六畜兴旺，四季蔬果不断。正如清人屈大均在《广东新语》中所说："计天下所有之食货，东粤几尽有之；东粤之所有食货，天下未必尽有之也。"广式面点坯皮质感多变，常以淀粉类为主，还特别善于利用荸荠、土豆、芋头、山药、南瓜等作坯料；馅心用料包括肉类、海鲜、水产、杂粮、蔬菜、水果、干果等，以当地特产椰丝、果仁、腊肠、叉烧肉等为特色。广式面点擅长利用各种呈味物质相互作用而构成特色的风味，具有鲜、滑、爽、嫩、香的特点，口味清淡偏甜。

第三，善于吸收，技法独到。广式面点广泛吸收各地面点以及西点制作技艺，在坯皮、馅料制作和熟制方法上均有独到之处。坯皮一般讲究皮质软、爽、薄。如粉果的外皮，"以白米浸至半月，入白粳饭其中，乃舂为粉，以猪脂润之，鲜明而薄"。包馅品种对坯皮制作和包馅技术要求都很高，要求皮薄而不露馅，馅大以突出馅心的风味。坯皮制作吸收西点特色，较多使用油、糖、蛋，并基本实现了本土化，如擘酥、岭南酥、甘露酥、士干皮等。馅心选料讲究，注意保持原汁原味，多用熟芡，芡粉较重。成熟方法以蒸、烤、炸为主。

以上三大面点风味流派依靠其鲜明的地域特色，在全国有很大影响力。除此之外，我国各地和各民族的传统面点都有其风味特色和独到之处，都是中国传统饮食文化的重要组成部分。

二、传统面点拾趣

传统面点品种繁多，其中不少品种具有悠久的历史，它们或凝结着中华传统的饮食与思想观念，或反映出饮食习惯的历史变迁，或与文人雅致和诗文典故相关联……下面我们就来了解几种历史悠久、富有趣味的传统面点。

1. 烧饼面枣。

元明之际的苏南地区有一种用白沙或白土炕熟的面点，叫作"烧饼面枣"。元人韩奕在《易牙遗意》中对其制法有详细的介绍："取头白细面，不拘多少。用稍温水和面极硬剂，再用擀杖押倒，用手逐个做成鸡子样饼，令极光滑。以快刀中腰周回压一豆深。锅内熬白沙炕熟，若面枣。以白土炕之，尤胜白沙。又擀饼着少蜜，更日不干。”可见，烧饼面枣的形状不是通常的饼状，而是如鸡蛋一般的椭圆形，外表还刻有一道道细纹，犹如蜜枣上的纹路一样。其熟制方法非常特殊，是在锅中用烧热的白土或白沙炕熟的。

令人遗憾的是，烧饼面枣后来不传，我们只能通过文献资料了解这种精巧的传统面点。

2. 春卷。

春卷是一种美味可口的油炸面点，其焦黄的外皮、鲜嫩的馅心、诱人的香味，对食客颇具吸引力。

春卷历史悠久，起源于古代的春盘、春饼。根据文献记载，古代春季时，人们会用面粉烙制薄饼，将薄饼与各种当季蔬菜一起放在盘中食用，称为“春盘”。后来又产生了以薄饼包裹蔬菜的形式，称为“春饼”。吃春盘、春饼还成为古代立春日的习俗，称为“咬春”，人们认为在这一天食用春天的新鲜蔬菜，既能防病，又能表示辞旧迎新之意。杜甫《立春》诗有：“春日春盘细生菜，忽忆两京梅发时。”后来，春盘、春饼逐渐演变为春卷的形式，现在许多地区仍有春节吃春卷的习俗。

3. 桂花糕。

人们常用“金风送爽，丹桂飘香”来描绘秋天。桂花是秋天的代表花卉，其芳香清雅，历来受到文人墨客的赞颂。除了观赏价值，桂花还有药用和食用价值。古人认为桂为“百药之长”，是药食同源的佳品，桂花被用来酿酒、泡茶、做糕点、煮甜汤，它的淡雅香味赋予食物一种东方美学的古朴气质。

桂花糕就是一种以桂花为原料的传统面点。南宋林洪《山家清供》中记载有“广寒糕”这一名点：“采桂英（花），去蒂，洒以甘草水，和米舂粉，炊作糕。”古人称桂花为“广寒仙”，广寒糕即桂花糕，用桂花与米粉和合蒸制而成。书中还说，“大经岁（科举考试之年），士友咸作饼子相馈，取‘广寒高甲’之谶”。古时文人以“折桂”比喻登科及第，人们常将广寒糕作为馈赠举子的礼物，取其“月宫摘桂”的寓意。桂花糕香甜可口，带有浓郁的桂花清香，至今仍是深受人们喜爱的一道面点美食。

4. 槐叶冷淘。

唐代诗人杜甫在他的《槐叶冷淘》一诗中，赞美了当时的一种凉面——槐叶冷淘。槐叶冷淘原先是一种宫廷食物，后来传到民间。《唐六典》载：“太官令夏供槐叶冷淘。凡朝会宴飨，九品以上并供其膳食。”槐叶冷淘的制作方法是用槐芽、槐叶挤出的汁和面，切成饼、条、丝等形状，煮熟后放入凉汤中冷却，捞出后拌上佐料即可食用。槐树是落叶乔木，多生长在北方，叶、枝、根、花等均可入药。槐叶冷淘被古人视为消暑佳品，不少诗人都有关于这道面点的诗作。宋代晁说之《招图机吃槐叶冷淘》中有：“槐叶冷淘来急吃，君家醪瓮却须休。”苏轼《二月十九日携白酒鲈鱼过詹使君食槐叶冷淘》以“青浮卵碗槐芽饼”形容碗中盛放的槐叶冷淘。钱谦益《谢德州张太守送酒》则言“油点槐淘泻玉盘”。

5. 烂面烧饼。

烂面烧饼是江苏镇江、扬州一带的一种传统面点。其制作方法是：以热水和面，掌握面粉与水的比例，将面和得不干不稀，到软得抓不上手的效果。面和好后饧发一小时，待面充分舒展后包制馅料，然后将包好馅料的面团在案板上整形，将其拍圆、拍平、拍薄。最后将拍好的面饼放在农家大灶的铁锅内，加菜籽油煎炕。烂面烧饼金黄油亮，皮薄馅多，入口绵软，馅料口味有甜有咸，可荤可素，秋天江南河蟹上市时，用萝卜丝、肉末、螃蟹肉做馅的烂面烧饼味道尤为鲜美。

烂面烧饼历史悠久，其起源大约可追溯至宋代。传说苏轼、乾隆皇帝、郑板桥等名人都对烂面烧饼赞不绝口。烂面烧饼后来成为当地中秋节的传统食品，人们以形状浑圆的面饼来寓意幸福团圆，表达中秋的祝福。

6. 灌汤肉包。

汤包是一道深受大众喜爱的美食，以皮薄馅大、汤汁充盈、味道鲜美著称。南京龙袍蟹黄汤包、淮安文楼汤包、开封灌汤小笼包、武汉四季美汤包都是有名的汤包品种。

灌汤肉包的技法历史悠久，南宋时“灌浆馒头”“灌汤包子”就已存在并受到人们喜爱。随着时间的推移，灌汤包子的制作技术不断提高，品种也逐渐增加。清人林苏门在《邗江三百吟》中对“灌汤肉包”有生动记述：“春秋冬日，肉汤易凝。以凝者灌于罗磨细面之内，以为包子。蒸熟则汤融而不泄。扬州茶肆，多以此擅长。”并赋诗云：

到口难吞味易尝，团团一个最包藏。

外强不必中干鄙，执热须防手探汤。

从中我们可以了解到当时扬州茶楼风行的灌汤肉包的制作方法和特点。

单元学习活动

◎选择一种你喜欢的传统面点，了解它的由来，并探究它的制作方法。

第七单元

源于生活，表达心灵

——中国传统舞蹈

第一节
中国传统舞蹈概况

舞蹈是一种表演艺术形式，其通过有节奏的、经过提炼和组织的人体动作和造型来表达一定的思想感情。舞蹈源于人们的生活，具有多元的社会意义及作用，包括运动、社交、祭祀、礼仪等，在人类文明的起源和发展过程中十分重要。中国传统舞蹈起源很早，在蒙昧的上古时代就已产生，在漫长的历史发展过程中，形成了丰富多彩的传统舞蹈艺术，为民族传统文化积淀了丰富的宝藏。

一、先秦时期的舞蹈

从原始社会至春秋战国时期，是中国传统舞蹈的形成期，后世传统舞蹈的各种要素均发端于此时。

新石器时代彩陶盆上的舞蹈纹饰

从文献记载和考古发现来看，原始社会的舞蹈表现的内容多为图腾祭祀、生殖崇拜、鱼猎农耕以及征战等，与原始人类的精神信仰和生存繁衍密切相关。例如，各地发现的原始社会时期的岩画中，可见拟鸟兽舞、祭神舞、祈雨舞、武士操练舞等舞蹈场景。古代文献和传说中亦记载了众多原始舞蹈，例如：“葛天氏之乐”执牛尾投足而舞，颂劳动，祈丰收，赞天、地、祖先；“阴康氏之乐”教民健身以抗阴湿之病；黄帝乐舞《云门大卷》、尧乐舞《大咸》、舜乐舞《大韶》歌颂先圣的仁德和功绩。原始舞蹈一般都是集体的群众性活动，尚未产生专业的舞者。这些舞蹈形式粗犷简约，多为自娱自乐的即兴表演或礼仪、祭祀活动的表现手段，因而艺术加工的成分不多。

夏商时期，随着奴隶社会的建立，舞蹈也告别了原始的蛮荒状态，快速发展并分化。原始舞蹈一部分继续作为民众自娱自乐的活动存在，另一部分则发展为专为王室和贵族服务的礼仪活动和表演节目，尤其要承担供观者欣赏娱乐的功能，故而其中的表演艺术元素得到强化。根据文献记载，夏代已经出现了专为奴隶主表演舞蹈的专业舞人。商代巫术祭祀活动频繁，促使求神媚神的巫舞有了较大发展，甲骨卜辞中便保存了较为丰富的巫术舞蹈活动的信息，如雩舞、隶舞、戒舞、羽舞、庸舞、龙舞、象舞等，这些是目前可见的中国历史上关于舞蹈的最早文字记录。

战国舞人刻纹椭栝燕乐图

周代为治国理政而建立起一整套严明的礼乐制度，特别重视以乐舞来区分等级、教育民众，舞蹈开始具有了严格的等级制度和鲜明的教化功用。朝廷继承并发展了前代乐舞，整理成“六代舞”，用于祭祀和教化，并对其演出仪制、祭祀对象、服饰道具、乐歌宫调、舞者身份等都做了明确的规定。“六代舞”是周代宫廷雅舞的主要内容，此外还有“小舞”“散乐”“四裔乐”等舞蹈类别，这些宫廷雅舞用于祭祀、典礼、教化以及宴享。这一时期，民间舞蹈和边远地区民族舞蹈也较为丰富，例如《诗经》就有“歌诗三百，舞诗三百”之说，其中大量的民间歌谣皆可配合舞蹈。民间和民族舞蹈清新、活泼、生动，其中不少被采选、改编进入宫廷，特别是到了“礼崩乐坏”的春秋战国时期，这些新鲜的舞蹈元素对中正平和的宫廷雅乐造成了巨大冲击，极大地促进了传统舞蹈内容、形式和艺术风格的丰富发展。至春秋战国时期，歌舞空前繁荣，在社会生活、政治生活的许多场合，舞蹈都是人们所惯常采用的一种活动。

二、秦汉魏晋南北朝时期的舞蹈

秦汉时期，随着经济和文化的繁荣，传统舞蹈在继承前代舞蹈的基础上进一步发展。秦朝建立后，原先各国的舞者汇聚于咸阳宫廷，客观上促进了舞蹈的交流、融合与发展。当时已设立乐府，专门管理乐舞演唱教习。汉代，传统舞蹈的发展进入一个繁荣时期。俗舞的兴盛是汉代舞蹈的一大特点，其种类繁多，有以衣袖和饰物为特征的长袖舞、巾舞，以执舞具或乐器为特征的盘鼓舞、拂舞、铎舞、鞞舞、建鼓舞，以及角抵百戏中的舞蹈节目等。俗舞注重娱乐性，受到社会各阶层人士的喜爱，并大量进入宫廷，对当时的雅乐舞蹈产生了深刻的影响。这一时期，随着丝绸之路的开辟，汉朝与西域诸国文化交流频繁，西域乐舞大量传入，胡舞盛行，极大地丰富了传统舞蹈。

汉画像砖中的盘鼓舞

魏晋南北朝是社会动荡、政权更迭的时期，也是人口大迁徙和民族大融合的时期，在各地区和各民族文化交流的影响下，此时的舞蹈艺术呈现出婀娜多姿的繁荣景象。清商乐舞是这一时期俗乐舞的主流，其包含了中原旧曲、汉魏杂舞以及江左新声，以情真意切、文质兼备、俗中求雅为风格特征，如白纻舞、杯盘舞以及大量的吴声、西曲乐舞。同时，由于受到各民族乐舞文化的影响，当时无论是北方还是南方，都很流行热烈明快、豪迈不羁的胡乐胡舞。此外，由于佛教的盛行，还形成了一类带有宗教色彩的舞蹈。

南北朝画像砖中的西曲歌舞

三、隋唐两宋时期的舞蹈

隋唐时期的舞蹈，在继承魏晋南北朝各民族舞蹈交流融合的基础上，进一步吸收国内外各民族的舞蹈元素，同时又创造出许多新的舞蹈，舞蹈艺术的发展达到一个高峰。宫廷乐舞高度发展，其在汉族乐舞传统的基础上，借鉴边疆民族和邻近国家乐舞精华，创制出风格多样、精美绝伦的作品，以隋代《九部乐》、唐代《十部乐》为代表。这些舞蹈由成套的、固定的节目组成，用于宫廷的宴享典礼。在宫廷乐舞之外，还流行着丰富多彩、种类繁多的舞蹈，主要有柔美舒缓、注重抒情的“软舞”和动作雄健、节奏明快的“健舞”两大类，此外还有“字舞”“花舞”“马舞”等类别。这些舞蹈节目源自各地各民族，形式多样，在民间流传很广，展现了隋唐舞蹈百花齐放的繁荣局面和高度发展的艺术水平。

唐代胡人舞蹈俑

宋代偃武修文，文化艺术高度发达，舞蹈作为重要的艺术门类也取得了较大的发展，其在许多方面呈现出新的特征，标志着传统舞蹈发展史上的重要转折。宋代的宫廷舞蹈在继承唐代遗制的基础上形成了新的乐舞形式——队舞。队舞通常由一个舞蹈团队表演，舞者众多，且有相对复杂和严格的表演程序，且表演时唱、念、舞结合，并大量使用场景道具。由于表演形式的变化，宋代队舞具有了较多的故事情节元素，呈现出歌舞剧的风格。与宋代文人士大夫的审美意趣相一致，宋代队舞呈现出绮丽纤巧的雅化倾向。民间舞蹈此时达到极盛。城市娱乐场所瓦舍勾栏兴盛，为民间舞蹈艺人提供了固定的演出场所，也使得舞蹈活动走向商业化，促进了舞蹈艺术的发展。此外，民间的节日、庆典等场合也会有盛大的街头舞蹈表演，称为“社火”“舞队”。宋代民间舞蹈题材广泛，内容丰富，反映了当时民间生活的风貌，具有较强的娱乐性，代表作品有《村田乐》《秧歌》《舞鲍老》《狮子舞》等。

宋代朱玉《灯戏图》中的元宵“舞队”（局部）

四、元明清时期的舞蹈

一般认为，宋代之后，传统舞蹈作为一种独立艺术形式日趋衰落，而更多地融入戏剧等艺术形式中继续发展。

元代舞蹈在很多方面承袭了宋代，而又结合了蒙古族文化的许多特点，特别是宫廷舞蹈具有鲜明的民族特色。元杂剧是这一时期流行的戏曲表演形式，舞蹈作为其中重要的表演元素产生新变。元杂剧的舞蹈节奏鲜明，富于表现力，奠定了传统戏曲舞蹈体系的基础。民间舞蹈方面，以宋代流传下来的节目为主，此外还有一些具有蒙古族特色的传统舞蹈。

明清时期，戏曲更加兴盛，舞蹈和戏曲进一步融合，形成了戏曲舞蹈的发展盛况。各种类的戏曲大量吸收古典舞、民间舞以及杂技、武术的精华，形成了众多精彩的戏曲舞蹈节目，如“水袖”、旦角舞长绸、僧尼舞拂尘（云帚）和“毯子功”等，这些舞蹈高度程式化，大量运用叙事性和表意性舞蹈动作，对现代中国古典舞的发展具有重要影响。此外，民族和民间舞蹈亦在继承传统的基础上有一定的发展创新。

第二节
多姿多彩的中国传统舞蹈

中国传统舞蹈内容丰富，种类繁多，风格各异。即使是相同种类的舞蹈，也会因时代、地域等的不同，在风格、装扮和表现形式上呈现出多样的特色。下面我们来了解几种历史悠久的传统舞蹈，感受其独特的艺术魅力和深厚的文化内涵。

一、祭孔乐舞

祭孔乐舞是古代举行祭祀孔子仪式时的专用乐舞，其融歌、乐、舞三者为一体，是祭孔活动的重要环节，同时也是我国古代雅乐舞的重要组成部分。

孔子逝世后第二年，鲁哀公在其故宅立庙奉祀，每年举行祭孔活动成为鲁地的习俗。汉高祖刘邦巡行经过鲁地时以太牢之礼祭祀孔子，开了中国古代帝王祭孔的先河。东汉元和二年（85），汉章帝过鲁地，祭祀孔子，作六代之乐，乐舞首次被用于祭孔活动。祭孔乐舞的规格，至南北朝时逐渐确立下来，即乐用“轩悬”，舞用“六佾”。隋代开始，祭孔乐舞有了专用乐章，历代对其多有增删和创制。明代，祭孔乐舞固定为六章六奏的形制，并增为八佾之舞，成为规格最高的祭祀舞蹈。清代在国学所用的祭孔乐舞之外，还颁布了一套地方祭孔乐章。

祭孔乐舞是中国古代重要的祭祀乐舞，其规制、程序等通常由统治者钦定，不得随意更改。在漫长的历史发展过程中，祭孔乐舞的具体内容和形式多有变迁，但其风格一以贯之，音乐庄严肃穆，舞姿雍容大方，昭示儒家礼乐教化。

二、《霓裳羽衣曲》

《霓裳羽衣曲》是唐代著名的宫廷乐舞，为包含多个段落的大曲。相传原曲为开元年间西凉节度使杨敬述所献，名为《婆罗门曲》，后经唐玄宗润色并制词，改名《霓裳羽衣曲》。该曲融歌、舞、器乐演奏为一体，舞、乐、服饰都着力描绘虚无缥缈的仙境和舞姿婆娑的仙女形象。唐代诗人白居易在长篇七言古诗《霓裳羽衣舞歌》中对这部唐代大曲的音乐和舞蹈作了具体生动的描述：舞者身着“虹裳”“霞帔”，盛饰钿璎玉佩，乐队磬、箫、筝、笛次第发声；奏过“散序”六遍，至“中序”方入舞拍，此时舞者飘然起舞，舞姿轻柔舒展，曼妙如仙；“曲破”（高潮）时“繁音急节十二遍，跳珠撼玉何铿铮”，舞蹈动作和技巧亦转为激烈；结束时转慢，舞而不歌，最后长引一声，乐舞袅袅而息。《霓裳羽衣曲》美妙绝伦，是唐代燕乐舞蹈发展到顶峰的产物。其乐谱和舞谱后来失传，后代虽多有整理，但终究无法完整展现这支唐代最著名的乐舞的原貌。

三、龙舞

龙舞，又叫“舞龙”“龙灯”，是一种由舞者托举着龙形道具进行表演的传统舞蹈，普遍流行于中国各地。龙舞历史悠久，根据文献记载，汉代已经有了形式较为完整的龙舞。唐宋时期的“社火”“舞队”表演中，龙舞已经是一种常见的表演形式。到了明清时期，龙舞越来越多地出现在民间娱乐活动中，成为大众喜闻乐见的一种表演节目。

清代砖雕中的龙舞

龙舞种类多样，根据龙体制作材料的不同，可分为布龙、纸龙、草龙、百叶龙、鸡毛龙等；根据龙体制作方法的不同，可分为香火龙、段龙、板凳龙、人龙、肉龙等；根据龙头形象的不同，可分为凤凰龙、虾公龙、青蛙龙、鸭头龙等；根据舞法的不同，可分为鱼化龙、狮龙、龙虎斗、滚地龙、水龙船、旱龙船、游龙等。不同种类的龙舞的造型和表演技法各有特色。

龙舞的传统表演程序一般由“请龙”“出龙”“舞龙”“送龙”四个环节组成。舞龙环节大体是在锣、鼓、钹、唢呐等乐器的伴奏下，舞者持木杆托举起龙形道具，或跑或跳，或转圈，做各种奇巧动作，形成祥龙翻腾飞舞的效果。龙舞的舞者人数可多可少，少可一人舞双龙，多可数十人甚至一两百人共舞一条大龙，而以十人左右共舞一条龙最为常见。龙舞的动作类型主要包括“8”字舞龙动作、游龙动作、穿腾动作、翻滚动作、组图造型动作等。

中国的龙文化源远流长，古人将龙视为吉祥瑞兽。龙舞多在节庆时表演，热烈的锣鼓声和翻飞腾跳的祥龙寄托着人们祈福呈祥的美好愿望，折射出传统文化中“天人合一”的思想观念，也展示出传统舞蹈艺术的魅力。

四、秧歌

秧歌是中国广泛流传的一类极具群众性和代表性的传统民间舞蹈，不同地区有不同称谓和风格样式。一般认为，秧歌起源于农业劳动，其最初的形态是人们在田间进行插秧等劳动时，为减轻劳作之苦而做出的自娱性歌唱和舞蹈动作，后来逐渐演变为一种民间舞蹈表演形式。至宋代，秧歌已成为民间舞蹈的常见节目，宋代画像砖中就有对秧歌场景的描绘。明清时期，秧歌最为流行，达到鼎盛。清康熙年间的吴震方在《岭南杂记》中记载道：“潮

宋金时期画像砖中的秧歌

州灯节，有鱼龙之戏，又每夕各坊市扮唱秧歌，与京师无异。”直到今天，秧歌仍然在许多地区流行，受到人们的喜爱。

秧歌以劳动的步法为基础，并进行艺术加工，舞者多化浓妆，造型千姿百态，手持手绢、伞、棒、鼓、钱鞭等道具，在锣、鼓、唢呐等乐器的伴奏下载歌载舞，以大幅扭动的动作为特色，表演内容多为民间故事、神话传说。

单元学习活动

◎人们称舞蹈是“人类共通的形体语言与心灵感悟”。对此你有何体会？

◎观看你感兴趣的传统舞蹈演出视频，并谈谈自己的感受。

第八单元

历史文化的“活化石”

——中国的世界非物质文化遗产

第一节
龙泉青瓷传统烧制技艺

一、龙泉青瓷传统烧制技艺的发展概况

龙泉青瓷传统烧制技艺是一项具有技能性和艺术性的传统陶瓷手工艺，至今已有1700余年的历史。其以中国浙江龙泉一带的瓷土、紫金土、石灰石和石英等为原料，以手工拉坯成型技术、家传配料方法，用窑炉高温（1310℃左右）烧制青瓷。产品釉色青翠，质如美玉，风格淡雅、含蓄、敦厚、宁静，突出展现了中国古典的审美情趣。龙泉青瓷烧制由原料配制、成型装饰、高温烧成等主要工艺环节构成，具体工序有粉碎、淘洗、陈腐、练泥、拉坯、晾干、修坯、装饰、素烧、上釉、装匣、装窑、烧成等，在原料选择、釉料配制、造型制作、窑温控制等方面均具有独特的技艺。2009年9月，龙泉青瓷传统烧制技艺被正式列入人类非物质文化遗产代表作名录，成为全球唯一入选“非遗”的陶瓷类项目。

宋代龙泉窑青瓷凤耳瓶

龙泉青瓷传统烧制技艺的起源可追溯至西晋时期，当地老百姓利用优越的自然条件，吸取越窑和瓯窑的制瓷技术与经验，开始烧制青瓷。由于技术处于起步阶段，这一时期龙泉窑业规模不大，主要是家庭手工作坊，并未形成大规模的专业烧瓷工场；烧制操作简单，青瓷产品制作粗糙，样式单调，釉色青黄无光泽，多施半釉。

到了五代及北宋前期，当时吴越国的统治者每年向中原君主进贡不计其数的“秘色瓷”，以示修好。庞大的需求刺激了瓷器的生产，而越州的窑场无力承担如此大量的瓷器制造，在这种情况下，龙泉窑便迎来了绝佳的发展

契机。这一时期，龙泉窑业初具规模，青瓷烧制技术已有相当水平。产品皆为淡青色釉瓷，胎壁薄而坚硬，质地坚实细密，呈淡淡的灰白色。龙泉窑凭借产品纯正的釉色、细腻的质地，一跃成为江南第一名窑。

南宋可谓龙泉窑发展的黄金时期，龙泉青瓷呈现出崭新的面貌。一方面，北宋覆灭后，全国政治经济中心南移，而北方汝窑、定窑等名窑又被战争所破坏，这在客观上给处于南方的龙泉窑提供了发展机会。随着人口的迁移，北方优秀的制瓷技术大量传入南方，龙泉青瓷充分融合南北技艺，创造了中国青瓷史上的一个巅峰。另一方面，南宋政府鼓励对外贸易，龙泉青瓷借海上贸易兴起之利，从海路大量出口，行销世界各国，成为主要的出口商品之一。对外贸易产生的大量需求带动了龙泉青瓷的发展，新的制瓷作坊大量涌现，产品烧制技术和质量不断提高。

南宋前期，龙泉青瓷迅速发展成熟，在釉料配制和烧成气氛的控制方面有了很大进步，并已走出对邻近名窑的因袭，形成自身的风格。制品种类丰富，形式多样，图案流畅生动；器壁均匀，胎骨致密，胎色灰白，釉层增厚，釉色青翠。南宋后期，龙泉青瓷进入鼎盛时期，匠师们在原有制瓷技术的基础上对青瓷的胎釉配方、上釉技术、造型设计、装饰手法等都进行了一系列重大改革和创新，烧制出精美绝伦的青瓷珍品。这一时期的龙泉青瓷胎土细腻紧致，釉水莹厚，采用多次上釉、多次素烧的新工艺，使得釉色如碧玉般深邃凝重。多方面的技术进步和创新孕育出古代青瓷的翘楚之作——粉青釉和梅子青釉。粉青釉是略带乳浊状的一种青釉，釉色青绿淡雅，釉面光泽柔和，如蓝天般明净，似碧玉般温润。梅子青釉釉层更加莹厚，玻化程度高，釉色青翠欲滴，犹如枝头尚未成熟的青梅，又似上等翡翠。粉青釉和梅子青釉被誉为“青瓷釉色与质地之美的顶峰”，体现了龙泉青瓷烧制技艺的高超，也反映了古人追求瓷器如美玉般色泽和质地的审美情趣。

元代龙泉青瓷的发展仍在继续，并出现了新的风格。元代政府同样鼓励对外贸易，龙泉青瓷生产规模继续扩大，产品品种增多，远销国外。这一时期能烧制出器型较大的青瓷产品，反映出青瓷烧制技术水平有所提高。此外，青瓷装饰工艺亦有创新。元代后期，社会动荡，龙泉青瓷的生产受到影响。此时青瓷器的胎骨逐渐转厚，且较粗糙，多数在坯体成型以后未经很好修整，釉层减薄，器皿釉色青中泛黄，造型也不及以前优美。

明初龙泉青瓷在元代基础上继续发展。龙泉官窑制品器型浑厚，胎体厚重，釉色成熟凝重，风格厚实雄浑；民窑烧制的青瓷器中亦有不少精品。然而，随着海禁的实行，对外贸易受到严重限制，瓷器外销量锐减，且青花瓷日渐成为瓷器的主流，龙泉青瓷的生产萎缩，窑口纷纷倒闭或改烧民间通用青瓷，烧制技术及产品质量均不及以前。

到了清代，烧制龙泉青瓷的窑场所剩无几，龙泉青瓷器物品种减少，质地粗糙，釉色青中泛黄。特别是清代中期之后，龙泉青瓷渐至停产。新中国成立后，人们对龙泉青瓷传统烧制技艺进行了全面的研究开发，使其得到恢复和传承。

二、龙泉青瓷的类型和特点

龙泉青瓷传统上分哥窑与弟窑两种类型。关于哥窑与弟窑的由来还有一段传说：相传宋代龙泉地区曾有章氏兄弟二人皆善烧窑，老大章生一所开窑场称为哥窑，老二章生二所开窑场称为弟窑。哥哥的技术比弟弟高明一些，因而遭到弟弟嫉恨。为破坏哥哥的声誉，弟弟往哥哥的釉料中添加了许多草木灰。这批瓷器烧制出来后，表面产生了许多裂痕，但这些裂痕却与寻常不同，有的像是冰裂纹，有的像是蟹爪纹，甚是别致。哥哥将这些有瑕疵的瓷器拿到市场上售卖，出乎意料的是，人们对这批瓷器很感兴趣，竟一抢而空。这之后，哥窑便继续烧制这种风格的瓷器，并声名远扬。弟窑则沿用原来的青瓷烧制技艺并不断改进，也成为著名的青瓷窑场。

龙泉青瓷中的哥窑类产品，古代文献描述其为“胎薄如纸，釉厚如玉，釉面布满纹片，紫口铁足，胎色灰黑”的黑胎开片器物，釉色有粉青、翠青、灰青、蟹壳青等，色泽静穆。此类产品以造型、釉色及釉面开片取胜，因开片难以人为控制，裂纹无意而自然，可谓天工造就，更符合自然朴实、古色古香的审美情趣。

弟窑即通常所说的龙泉窑，其青瓷产品胎体洁白厚实，釉色青翠，光润纯洁，以粉青、梅子青为最，豆青次之。青翠的釉色，配以橙红底足或精巧的露胎装饰图案，产生令人赏心悦目的视觉效果。

第二节
中国蚕桑丝织技艺

一、历史悠久的中国蚕桑丝织技艺

中国是世界蚕桑业的发源地。野蚕驯化、种桑养蚕、蚕丝利用，皆起源于中国，迄今已有5 000多年的历史。传说黄帝元妃西陵氏（嫘祖）发现蚕茧可以抽丝，始教民育蚕，治丝茧以供衣服。嫘祖因此被后世尊为“蚕神”。据现代考古发掘证实，我国古代先民大约在新石器时代就已开始养蚕织绸。到商代时，丝织成为全国性的产业。从殷墟出土的甲骨文中，发现了大量有关蚕、桑、丝、帛等方面的象形文字以及蚕事相关的卜辞。当时人们把祭祀蚕神与祭祀祖先并列，并已设有专门管理蚕事的官职“女蚕”。这说明3 000多年前蚕桑业已相当发达，且在社会生活中已具有非常重要的地位。在考古发掘出来的不少商代青铜器及玉器上，发现有因受铜锈渗透而粘附在青铜器上的丝织物纹理，通过这些纹理，能分辨出当时丝织品已有平纹绢、提花的回形纹绢、雷纹绢和菱花纹绢等，说明商代中国的蚕桑丝织技艺已具相当水平。此后中国历代王朝都十分重视蚕桑丝织产业，官方和民间的丝织生产皆不断发展。人们在生产实践中进行了无数改良工艺的发明创造，使得植桑养蚕技术和抽丝织绸工艺不断进步，生产的蚕丝织品精美程度不断提高。

丝绸不仅丰富了中国古代人民的物质生活，也成为中华文明的一张名片。蚕桑丝织技艺中不仅包含了中国古代人民的智慧和辛劳，也蕴含着中华传统文化中的思想观念、审美意趣等重要元素。5 000多年来，它对中国历史发展作出了巨大贡献，并通过丝绸之路对人类文明产生了深远影响。

2009 年 9 月，中国蚕桑丝织技艺入选人类非物质文化遗产代表作名录。这一遗产包括栽桑、养蚕、缫丝、染色和丝织等整个过程的生产技艺，其间所用到的各种巧妙精到的工具和织机，以及由此生产出来的绫绢、纱罗、织锦、缂丝等丝绸产品，同时还包括这一过程中衍生出来的相关民俗活动。

宋代楼璹《蚕织图》（局部）

二、传统的丝绸产品

丝绸经过数千年的发展，形成了繁多的品种，包括纱、罗、绢、绮、绫、锦、缎、缂丝等，每个品种根据工艺、外观等还可再细分。下面我们通过传统丝绸的几个代表性品种来了解中国蚕桑丝织技艺的成就。

1. 罗。

罗是用纠织法以地经纱和绞经纱与纬纱交织，形成椒形绞纱孔隙的丝织物，有花纹者称花罗，无花纹者称素罗。其质地轻薄，手感滑爽，是丝织物中的上品。考古发掘证实，商代时人们就已开始生产罗类织物。秦汉以后，罗类织物日益精美，成为流行织物。《红楼梦》中就提到过一种名贵的罗类织物——“软烟罗”，其质地轻盈，色泽柔和，若制成帐幔或糊于窗格上，远观之下仿似轻烟缭绕，故得此名。

2. 绫。

绫是一种采用斜纹组织或斜纹地提花组织织成的传统丝织物，因其表面呈叠山形纹路，“望之如冰凌之理”而得名。绫有素绫、花绫之分，前者素面无花，后者一般为在斜纹地上起斜纹花的单层暗花织物。其特点是质地细密，厚薄适中，光滑柔软。据记载，战国、秦汉时的丝织品中已有绫这一品种。唐代时，绫的生产始盛。绫是当时官服的常用面料，不同等级官员的官服采用不同颜色和纹样的绫来制作。唐代大诗人白居易有《缭绫》一诗，生动地描绘出当时产于越地、作为贡品的缭绫之精致华美：“应似天台山上明月前，四十五尺瀑布泉。中有文章又奇绝，地铺白烟花簇雪。”

3. 锦。

锦是以预先染色的桑蚕丝为原料，采用缎纹地组织提花织成的一类丝织品。其色彩斑斓，花纹繁复，工艺复杂，是中国古代技术水平最高、最为贵重的丝绸品种。锦的起源可追溯至商周时期，后经唐宋时期工艺技术的快速发展，到明清时期高度成熟。在长期的历史发展过程中，各地产生了许多织锦名品，其中云锦、蜀锦、宋锦、壮锦被誉为“四大名锦”。

4. 缂丝。

缂丝亦称“刻丝”，是一种以“通经断纬”织法织成的极具艺术性和观赏性的丝织品。织造时，以细蚕丝为经线，以彩色蚕丝为纬线，经丝纵贯织品，而各色纬丝仅在图案花纹需要处与经丝交织，不贯通全幅；用多把小梭子按图案色彩分别挖织，使织物上花纹与素地、色与色之间呈现一些断痕，产生雕镂般的效果；成品正反花纹如一，双面皆可观赏。缂丝汉魏时已有，盛于宋代，明清时技艺高度成熟。由于缂丝色彩变换自由，富于立体感，人们广泛运用该技艺来制作绘画作品，呈现出惟妙惟肖的效果。

三、中国蚕桑丝织的相关民俗活动

中国蚕桑丝织文化除了生产技艺和各种精致的丝绸产品，还有从这一生产活动中衍生出来的相关民俗活动。下面我们通过“轧蚕花”和“扫蚕花地”两项具有代表性的活动，来感受敬蚕重桑的传统蚕桑习俗。

1. “轧蚕花”。

“轧蚕花”是流行于浙江省湖州市含山镇一带的传统民俗活动。该地区是江南蚕桑的重要产地，人们传说含山是蚕神的发祥地或降临地，并由此产生了“轧蚕花”的民俗活动。

“轧蚕花”活动于每年清明时节举行，目的是祭祀蚕花娘娘，即当地传说中的蚕神，祈求蚕运亨通。活动分头清明、二清明、三清明三个阶段，通常会持续十来天。蚕农们背蚕种包、上山踏青、买蚕花、戴蚕花、祭祀蚕神，此外还有多项水上竞技表演，人山人海，热闹非凡。据文献记载，“轧蚕花”活动大约起源于宋代，明清以来日趋兴盛。这一活动是江南蚕乡崇拜蚕神的一种表现形式，也是中国丝绸文化的有机组成部分。

2. “扫蚕花地”。

“扫蚕花地”是清末至民国时期广泛流传于浙江湖嘉地区的一种蚕桑习俗，起源于浙江省湖州市德清县。每年春节、元宵、清明期间，当地蚕农会请职业或半职业艺人到家中养蚕场所举行“扫蚕花地”仪式，以消除灾难晦气、祈求蚕桑丰收。

“扫蚕花地”的表演形式以单人歌舞为主，一般由女性表演，另有一人以小锣、小鼓等民族乐器伴奏。唱词内容多为对蚕桑丰收的祝愿和蚕桑生产全过程的叙述，与此相配合，表演者往往会做出扫地、糊窗、掸蚕蚁、采桑叶、喂蚕、捉蚕换匾、上山、采茧等一系列动作。随着该民俗活动的长期流传，“扫蚕花地”逐渐演变为一种歌舞表演程式，其唱词唱曲、舞蹈形式等都具有较高的民俗学研究价值。

第三节
南京云锦织造技艺

一、历史悠久的南京云锦织造技艺

南京云锦

锦是我国古代技术水平最高的一种丝织物，而南京云锦则是锦中珍品。南京云锦因瑰丽如云霞而得名，其织造技艺集历代织锦工艺之大成，具有丰富的文化和科技内涵，是我国优秀传统文化的杰出代表。2009 年 9 月，南京云锦织造技艺入选人类非物质文化遗产代表作名录。

云锦的产生和发展与南京的城市史密切相关。南京成规模的丝织业最早可追溯到三国时期，当时的吴国在其都城建业（今南京）设有官营织造。东晋末年，刘裕灭后秦，将长安的百工全部迁到建康（今南京），其中织锦工匠占很大比例。这些织锦工匠既继承了两汉魏晋的传统，又融合了十六国前期少数民族统治者喜爱的加金织锦技艺（这正是日后南京云锦的一个主要特征），并将其带到南方，使得南京的织锦生产快速发展。东晋安帝义熙十三年（417），朝廷在建康设立专门管理织锦的官署——锦署，标志着云锦正式诞生。

南朝时期，建康的织锦业继续发展，各朝设立御府织室，集中各地能工巧匠为王室贵族织造锦绣织物，促进了云锦织造技艺的进步。隋唐时期，南京因受到朝廷贬抑，政治、经济地位下降，丝织业发展受到一定影响，至五代时方有复盛之象，南唐时金陵再度成为江南丝织业的中心之一。宋代江南丝织生产进一步发展，当时南京的织锦已成为闻名全国的丝织产品。

元明清三代是南京云锦发展兴盛的时期。元朝统治者在南京设立为皇室和百官织造丝绸的东、西织染局，当时盛行用金来装饰丝织品，织染局因而大规模生产织金锦，这对后来南京云锦中的库锦和织金缎产生了很深影响。明代在南京设立内织染局、神帛堂和供应机房等，以织造宫中所用的各种彩锦，南京的织锦工艺日臻成熟，并已形成其基本风格。逐花异色的妆花织物是明代南京织锦的突出成就。清代在南京设有江宁织造，皇室使用的各色特种锦缎由其供应。《红楼梦》作者曹雪芹祖上三代四人就曾任清代江宁织造官达 60 余年。江宁织造的设立促进了南京织锦业的繁荣。据记载，清代南京织锦业鼎盛时拥有 3 万多台织机，近 30 万人以此为生，是当时南京最大的手工产业。这一时期的南京织锦品种繁多，图案庄重，色彩绚丽，代表了古代南京云锦织造技艺的最高成就。晚清之后，丝织行业根据南京所生产的特色织锦具有用料考究、绚丽多彩、灿若云霞等特点，称其为“云锦”，这一名称才正式产生并沿用至今。

二、工艺独特、灿若云霞的南京云锦

南京云锦工艺独特，用传统的提花木机织造，必须由提花工和织造工两人配合完成，前者坐在织机上负责提花，后者在织机下织造，上下协同。在织造一些复杂作品时，工匠们往往要默记几十种口诀，足踏开口，手甩梭管，嘴念口诀，脑中配色，眼观六路，而一天所织也仅有五六厘米长。

与一般丝织品“通经通纬”的织造工艺不同，南京云锦使用的是“通经断纬”的技术，挖花盘织、妆金敷彩，从而产生逐花异色的效果，即从云锦的不同角度观察，绣品上花卉的色彩是不同的。这样的织造工艺难度极高，例如要织一幅 78 厘米宽的锦缎，在它的织面上就有 14 000 根丝线，所有花纹图案的组成就要在这 14 000 根丝线间穿梭，每一根丝线都必须准确放置，从确立丝线的经纬线到最后织造，整个过程如同计算机编程一样复杂而艰苦。由于被用于皇家服饰，所以云锦的织造往往用料考究、不惜工本、精益求精，喜用金线、银线、铜线和长丝、绢丝，以及各种鸟兽羽毛，使得图案熠熠生辉，色彩明丽。

南京云锦多用祥禽、瑞兽、如意、云霞等带有吉祥寓意的纹样图案，表达了中国传统吉祥文化中“权、福、禄、寿、喜、财”的要素，具有深厚的民族传统文化底蕴。

云锦的图案丰富多彩，花形硕大，多用红、蓝、绿、紫等深色，设色浓艳大胆，同时又运用“色晕”的装饰手法，层层推出主花，色彩的浓淡、层次和节奏铺排有致，使得花卉、云霞等图案富于变化，显得富丽典雅而又明快灵动。另外，“片金绞边”和“大白相间”的处理技巧又能调和对比，达到浓而不重、温润和谐的效果。

南京云锦是雍容华贵的风格、高雅的艺术格调与深厚的民族传统文化内涵的结合体，其织造技艺代表着中国蚕桑丝织技艺的卓越成就，是具有民族性和世界性的人类历史文化遗产。

单元学习活动

◎选择你感兴趣的一件龙泉青瓷文物，查阅资料，了解其时代背景、烧制技艺及艺术特征。

◎了解蜀锦、宋锦、壮锦等织造技艺，感受丰富的中国蚕桑丝织文化。